- 辽宁省社会科学规划项目：面向老工业基地振兴的
集群生态系统创新资源优化整合研究（L17BJY017）
- 辽宁省教育厅项目：集群网络视角下创新资源优化配置研究（WQN201722）
- 国家自然科学基金项目：创新价值链视角下的
非核心企业创新行为模式演化机理研究（71573113）

创新资源优化配置研究

白雪飞 ◎ 著

RESEARCH ON THE OPTIMAL ALLOCATION OF
INNOVATION RESOURCES

经济管理出版社
ECONOMY & MANAGEMENT PUBLISHING HOUSE

图书在版编目（CIP）数据

创新资源优化配置研究/白雪飞著. —北京：经济管理出版社，2019.11
ISBN 978 - 7 - 5096 - 6833 - 7

Ⅰ.①创… Ⅱ.①白… Ⅲ.①创新管理—资源配置—研究—中国 Ⅳ.①F124.3

中国版本图书馆 CIP 数据核字（2019）第 255780 号

组稿编辑：梁植睿
责任编辑：梁植睿
责任印制：黄章平
责任校对：董杉珊

出版发行：经济管理出版社
　　　　　（北京市海淀区北蜂窝 8 号中雅大厦 A 座 11 层　100038）
网　　址：www.E - mp.com.cn
电　　话：（010）51915602
印　　刷：三河市延风印装有限公司
经　　销：新华书店
开　　本：720mm×1000mm/16
印　　张：11.5
字　　数：157 千字
版　　次：2019 年 11 月第 1 版　2019 年 11 月第 1 次印刷
书　　号：ISBN 978 - 7 - 5096 - 6833 - 7
定　　价：58.00 元

·版权所有　翻印必究·
凡购本社图书，如有印装错误，由本社读者服务部负责调换。
联系地址：北京阜外月坛北小街 2 号
电话：（010）68022974　邮编：100836

序 言

创新资源是一切创新活动的核心要素，如何对创新资源进行优化配置，是提高创新资源配置效率、实现创新资源高效整合的核心问题，也是经济新常态下实现创新驱动发展的关键点。创新资源的高效整合与合理配置对企业、产业、区域和国家的科技创新活动、社会经济发展和人民生活改善等具有广泛而深远的影响，成为各国决策者和管理者关注的核心问题。

在全面研判世界科技创新和产业变革大势的前提下，面对新的机遇与挑战，我国从实际出发，积极谋划创新驱动发展的顶层设计，重视创新资源的管理问题。党的十八大对全面深化经济体制改革做了部署，指出经济体制改革是全面深化改革的重点，核心问题是处理好政府和市场的关系，使市场在资源配置中起决定性作用，更好地发挥政府作用。党的十八大以来，中共中央总书记习近平同志围绕实施创新驱动发展战略发表了一系列重要讲话。习近平同志指出："实施创新驱动发展战略，最根本的是要增强自主创新能力，最紧迫的是要破除体制机制障碍，最大限度解放和激发科技作为第一生产力所蕴藏的巨大潜能。"他强调："要着力从科技体制改革和经济社会领域改革两个方面同步发力，改革国家科技创新战略规划和资源配置体制机制。"这表明，实施创新驱动发展战略其中一个重要方面就是深化科技体制改革，优化科技资源配置。通过优化科技资源配置的一系列重大改革措施，我国在技术创新领域形成了科技资源配置的新格局，为实施创新驱动发展战略奠定了坚实的基础。

创新资源的优化配置是实现管理创新的重要活动,创新资源整合与共享已是大势所趋,有关创新资源整合问题的研究也成为当前研究的热点之一。目前国外关于创新资源配置的研究主要从宏观和微观两个层面展开。宏观层面的研究主要是从国家视角展开的,主要集中在创新资源配置的影响因素、创新资源配置的政策体系、创新资源配置的效果比较,以及创新资源优化配置的对策建议等方面。微观层面的研究主要是从企业视角展开的,侧重研发资源配置问题,具体包括对企业研发资源配置行为的影响因素分析和企业内部研发资源的优化配置等方面。国内学者的研究主要集中在创新资源配置的概念与内涵、创新资源配置效率的定性与定量研究、创新资源配置影响因素的研究以及创新资源优化配置的研究等方面。但是总体来看,目前国内外关于创新资源配置的研究都是以应用研究为主,还没有建立起关于创新资源配置完整而系统的理论分析框架。理论研究主要是关于创新资源配置概念的,而关于创新资源配置的内在原理及运行机理的研究还比较少。国外关于创新资源配置问题的研究多是从原因入手,通过对各国研发数据的比较和创新资源配置行为影响因素的分析,探讨创新资源优化配置的对策;而国内关于创新资源配置问题的研究多是从现象入手,主要是对创新资源配置现状进行评价,指出存在的问题,提出相应的对策,但对于创新资源配置效果的影响因素的分析较少涉及。国外的研究主要以企业为主,主要研究企业内部创新资源配置问题;国内的研究主要以区域为主,并且大多讨论的是整个区域的科技投入产出效率。而作为重要创新组织形式的产业集群或者创新网络中如何配置等则没有涉及。所以,构建创新资源配置的理论分析框架,分析创新资源配置机制和配置模式,揭示各利益主体之间创新资源配置情况,构建创新资源配置效率及影响因素综合评价指标体系和测度模型,提出优化创新资源配置的基本模式、衍生路径和对策建议等,是一项非常具有挑战性和创新性的研究任务。

《创新资源优化配置研究》是白雪飞在其博士后研究报告的基础上修改完

善形成的一部专著，试图从理论与实践相结合的视角，分析创新资源优化配置问题。

作者围绕创新资源配置查阅了大量的国内外文献资料，并综合运用资源经济学、区域经济学、制度经济学、博弈论、系统科学、优化理论、创新理论、统计学理论与方法，试图对创新资源配置的理论与实践做深入的探究。

首先，作者构建了一个全新的创新资源配置的分析框架，以深入探讨创新资源配置的本质、动力机制和运行模式。作者强调以系统的观点研究创新资源配置的主体、结构、层次、功能、特征，认为创新资源配置体系是创新资源的积累、应用、转移和市场实现的一种制度和网络体系，涉及创新资源配置各个利益主体之间的一系列内外部关系，受到创新网络和创新环境等要素的影响。创新资源配置主体包括政府、企业、高校、科研机构和科技服务机构，创新资源配置过程中这五个异质性组织之间具有耦合关系，创新主体之间进行合作与交流，与外部环境之间进行互动与交换。对创新资源配置总量、强度和分配格局的概念进行界定，对各种配置结构的目标、特点和功能进行分析，指出创新资源配置既受政策、经济、市场和文化等宏观因素的影响，也受协同创新网络的参与度、联结度和平稳度的制约。创新资源具有市场配置、制度配置和文化配置三种配置机制，具有计划配置、市场配置和混合配置模式三种配置模式。

其次，在创新资源配置理论分析的基础上，构建创新资源配置效率及影响因素指标体系和测度模型，效率测度指标体系从科技投入产出两大方面进行设计；影响因素指标体系从宏观和微观两大方面进行设计；在效率测度方法的选取及模型的构建中，选择三阶段 DEA 模型进行效率分析，选择多元回归模型进行影响因素分析。考虑到战略性新兴产业在国民经济中的特殊地位，以战略性新兴产业为例，对创新资源配置效率、影响因素、影响路径等进行分析。作者经研究发现，在企业层面的总体配置效率分析中，58 家企业的无效率主要来源于规模无效、纯技术无效相对较低，说明创新资源总体配置效率不高；在行业配置效率分析中,节能环保产业和新能源汽车产业这两个行业的三项效率值均为1,处于技术效率前沿面,其投入产出水平在整体上是有效的,生物产业、高端装备制造产业和新能源产业三个行业纯技术效率为1,综合效率不高主要源于规模无效率,其他行业在纯技术效率或者规模效率方面存在不同程度的无效率;在主体配置效率分析中,科研机构的创新资源配置效率值均为1,处于技术效率前沿面,其投入产出水平在整体上是有效的,企业和高校在纯技术效率或者规模效率方面都存在不同程度的无效率,其中规模无效率程度大于纯技术无效率程度,说明创新资源总体配置效率不高。从关于创新资源配置效率影响因素分析中发现,政策因素、经济因素、市场因素和文化因素四个宏观影响因素对知识产出均有正向作用,其中政策因素对知识产出影响最大,其次是市场因素,然后是经济因素和文化因素;四个宏观影响因素对经济产出均具有正向作用,其中市场因素对经济产出影响最大,其次是政策因素,然后是经济因素,而文化因素对经济产出的影响不显著。网络参与度、网络联结度和网络平稳度三个微观影响因素对知识产出均具有正向作用,其中网络参与度对知识产出影响最大,网络联结度与网络平稳度对知识产出的影响大体相当;三个微观影响因素对经济产出均具有正向作用,其中,网络联结度与网络平稳度对经济产出影响显著,而网络参与度对经济产出的影响不显著。

最后,在理论和实证分析基础上,结合辽宁战略性新兴产业创新资源配置的特点及存在的问题,剖析制约创新资源配置效率提升的制度及机制阻碍,并从不同角度、不同层面提出创新资源优化配置基本选择模式、衍生路径和对策建议。作者提出了创新资源优化配置的四种基本选择模式(学研资源开放模式、行业资源集聚模式、孵化基地资源协同模式和中介机构资源整合模式)、三条衍生路径(基于知识链的衍生路径、基于价值链的衍生路径和基于物联网的衍生路径)、五项对策建议(实施科技人才培养开发战略、建立科技资金投资融资体系、完善科技基础条件平台建设、构建政产学研合作协同机制和优化创新资源整合外部环境)。这些研究结论在一定程度上拓展了创新资源配置理论和方法,另外对其他学者进行创新资源配置效率和影响因素评价等后续研究也有一定的借鉴意义。

作为白雪飞博士的老师,一路看着她在学术的道路上成长进步甚感欣慰,此次非常高兴她的研究成果能够付诸出版。作为一项探索性研究,书中还有一些值得进一步丰富和完善的地方。希望白雪飞博士能够延续其努力钻研、不断创新的精神,在研究创新资源优化、高质量发展理论和方法等方面更上一层楼,也期待着她在研究工作中能产出更多更优秀的成果。

王伟光
2019 年 9 月

前　言

随着知识经济的到来，"创新资源是第一资源"的观点得到广泛认同。创新资源是一切科技活动的核心要素，是科技创新与经济发展的重要驱动力，是衡量国家和地区综合实力和发展潜力的重要尺度。不断加大创新资源投入，已成为世界各国共同的战略性选择。但是，资源本身具有稀缺性，所以相较于单纯增加创新资源投入，创新资源配置效率问题日益受到重视。如何对创新资源进行优化配置，提高创新资源配置效率，实现全社会创新资源高效整合，进而促进科技创新能力的持续提升，成为各国理论界和实际科技工作者关注的核心问题，也成为各国和各地区科技竞争的关键点。

本书综合运用资源经济学、区域经济学、制度经济学、博弈论、系统科学、优化理论、创新理论、统计学理论与方法，试图对创新资源配置的理论与实践做深入的探究。理论方面，构建一个全新的创新资源配置的分析框架，以深入探讨创新资源配置的本质、动力机制和运行模式；实践方面，构建创新资源配置效率及影响因素指标体系和测度模型，考虑到战略性新兴产业在国民经济中的特殊地位，以战略性新兴产业为例，对创新资源配置效率、影响因素、影响路径等进行分析；政策方面，结合辽宁战略性新兴产业创新资源配置的特点及存在的问题，剖析制约创新资源配置效率提升的制度及机制阻碍，并从不同角度、不同层面提出创新资源优化配置基本选择模式、衍生路径和对策建议。主要研究结论如下：

（1）关于创新资源配置的概念模型。强调以系统的观点研究创新资源配置的主体、结构、层次、功能、特征，认为创新资源配置体系是创新资源的积累、应用、转移和市场实现的一种制度和网络体系，涉及创新资源配置各个利益主体之间的一系列内外部关系，受到创新网络和创新环境等要素的影响。

（2）关于创新资源配置的主体分析。指出创新资源配置主体包括政府、企业、高校、科研机构和科技服务机构，创新资源配置过程中这五个异质性组织之间具有耦合关系，创新主体之间进行合作与交流，与外部环境之间进行互动与交换。

（3）关于创新资源配置规模与结构。指出创新资源配置总量、强度和分配格局的概念，对各种配置结构的目标、特点和功能进行分析。

（4）关于创新资源配置影响因素、配置机制与运行模式。指出创新资源配置既受政策、经济、市场和文化等宏观因素影响，也受协同创新网络的参与度、联结度和平稳度的制约；指出创新资源的三种配置机制——市场配置、制度配置和文化配置机制和创新资源的三种配置模式——计划配置、市场配置和混合配置模式。

（5）关于创新资源配置效率及影响因素的评价指标体系和测度模型构建。效率测度指标体系从科技投入产出两大方面进行设计；影响因素指标体系从宏观和微观两大方面进行设计；在效率测度方法的选取及模型的构建中，选择三阶段DEA模型进行效率分析，选择多元回归模型进行影响因素分析。

（6）关于创新资源配置效率测度的实证分析。在企业层面的总体配置效率分析中，58家企业的无效率主要来源于规模无效，纯技术无效相对较低，说明创新资源总体配置效率不高；在行业配置效率分析中，节能环保产业和新能源汽车产业这两个行业的三项效率值均为1，处于技术效率前沿面，其投入产出水平在整体上是有效的，生物产业、高端装备制造产业和新能源产业三个行业纯技术效率为1，综合效率不高主要源于规模无效率，其他行业在纯技术效率或者规模效率方面存在不同程度的无效率；在主体配置效率分析中，科研机构的创新资源配置效率值均为1，处于技术效率前沿面，其投入产出水平在整体上是有效的，企业和高校在纯技术效率或者规模效率方面都存在不同程度的无效率，其中规模无效率程度大于纯技术无效率的程度，说明创新资源总体配置效率不高。

（7）关于创新资源配置效率影响因素分析。政策因素、经济因素、市场因素和文化因素四个宏观影响因素对知识产出均有正向作用，其中政策因素对知识产出影响最大，其次是市场因素，然后是经济因素和文化因素；四个宏观影响因素对经济产出均具有正向作用，其中市场因素对经济产出影响最大，其次是政策因素，然后是经济因素，而文化因素对经济产出的影响不显著。网络参与度、网络联结度和网络平稳度三个微观影响因素对知识产出均具有正向作用，其中网络参与度对知识产出影响最大，网络联结度与网络平稳度对知识产出的影响大体相当；三个微观影响因素对经济产出均具有正向作用，其中，网络联结度与网络平稳度对经济产出影响显著，而网络参与度对经济产出的影响不显著。

（8）关于创新资源优化配置的路径选择和对策建议。提出创新资源优化配置的四种基本选择模式，即学研资源开放模式、行业资源集聚模式、孵化基地资源协同模式和中介机构资源整合模式；三条衍生路径，即基于知识链的衍生路径、基于价值链的衍生路径和基于物联网的衍生路径；五项对策建议，即实施科技人才培养开发战略、建立科技资金投资融资体系、完善科技基础条件平台建设、构建政产学研合作协同机制和优化创新资源整合外部环境。

目 录

第一章 绪论 ……………………………………………………………… 1

    第一节 研究背景与研究意义 ……………………………………………… 1

    第二节 国内外研究现状述评 ……………………………………………… 3

    第三节 研究框架与研究内容 ……………………………………………… 24

    第四节 研究方法与创新之处 ……………………………………………… 27

第二章 创新资源配置的概念模型和理论分析 …………………………… 29

    第一节 创新资源配置的概念模型 ………………………………………… 29

    第二节 创新资源配置主体分析 …………………………………………… 34

    第三节 创新资源配置规模与结构分析 …………………………………… 36

    第四节 创新资源配置影响因素、配置机制与运行模式 ………………… 39

第三章 创新资源配置效率评价指标体系及测度模型构建 ……………… 48

    第一节 创新资源配置效率及评价内容 …………………………………… 48

    第二节 创新资源配置效率多维复合评价指标体系 ……………………… 50

    第三节 创新资源配置效率测度方法与测度模型 ………………………… 59

第四章 战略性新兴产业创新资源配置效率及实证研究 …………… 70

第一节 战略性新兴产业创新资源优化配置的重要意义 ………… 70

第二节 战略性新兴产业创新资源配置效率的实证研究 ………… 73

第五章 战略性新兴产业创新资源配置效率影响因素分析 ………… 106

第一节 创新资源配置总体水平分析 ………………………… 106

第二节 创新资源配置影响因素水平分析 …………………… 111

第三节 创新资源配置影响因素的路径分析 ………………… 116

第六章 辽宁战略性新兴产业创新资源优化配置的路径选择及对策建议 ……………………………………………………… 124

第一节 创新资源优化配置的基本选择模式及衍生路径分析 … 124

第二节 辽宁战略性新兴产业创新资源优化配置的对策建议 … 131

第七章 研究结论与展望 …………………………………………… 137

第一节 研究结论 ……………………………………………… 137

第二节 研究展望 ……………………………………………… 141

参考文献 ………………………………………………………………… 142

附　　录 ………………………………………………………………… 157

后　　记 ………………………………………………………………… 162

图表目录

图目录

图1-1 本书研究框架 ………………………………………………… 26
图2-1 创新资源配置系统模型 …………………………………… 33
图2-2 创新资源配置主体耦合创新系统 ……………………… 37
图5-1 各种影响因素对科技产出影响的路径 ………………… 123

表目录

表3-1 创新资源配置效率评价指标体系 ………………………… 54
表3-2 创新资源配置效率宏观影响因素评价指标体系 ……… 57
表3-3 创新资源配置效率微观影响因素评价指标体系 ……… 59
表4-1 样本基本资料统计 …………………………………………… 76
表4-2 变量数据的描述性统计结果 ……………………………… 77
表4-3 变量的信度分析 ……………………………………………… 79
表4-4 创新资源测量题项的KMO和Bartlett's球形检验结果 …… 81
表4-5 创新资源测量题项的总方差分解 ………………………… 82
表4-6 创新资源测量题项的因子载荷 …………………………… 82
表4-7 科技产出各测量题项的KMO和Bartlett's球形检验结果 …… 83

表4-8	科技产出各测量题项的总方差分解	84
表4-9	科技产出各测量题项的因子载荷	84
表4-10	宏观影响因素各题项的 KMO 和 Bartlett's 球形检验结果	85
表4-11	宏观影响因素各题项的总方差分解表	85
表4-12	宏观影响因素各题项的因子载荷	86
表4-13	微观影响因素各题项的 KMO 和 Bartlett's 球形检验结果	87
表4-14	微观影响因素各题项的总方差分解	87
表4-15	微观影响因素各题项的因子载荷	88
表4-16	58家战略性新兴企业创新资源配置效率评价结果	89
表4-17	第二阶段 SFA 回归结果	91
表4-18	58家战略性新兴企业创新资源配置效率评价结果（调整后）	92
表4-19	不同属性企业创新资源配置情况	95
表4-20	战略性新兴七大行业创新资源配置效率评价结果	98
表4-21	第二阶段 SFA 回归结果	99
表4-22	战略性新兴产业七大行业创新资源配置效率评价结果（调整后）	100
表4-23	战略性新兴产业利益主体创新资源配置效率评价结果	103
表4-24	第二阶段 SFA 回归结果	103
表4-25	战略性新兴产业利益主体创新资源配置效率评价结果（调整后）	105
表5-1	创新资源各因子及创新资源综合水平	107
表5-2	科技产出各因子及科技产出综合水平	109
表5-3	宏观影响因素各因子及宏观影响因素综合水平	112

表 5-4 微观影响因素各因子及微观影响因素综合水平 …………… 114

表 5-5 宏观影响因素与知识产出回归模型 ……………………… 117

表 5-6 宏观影响因素与知识产出方差分析 ……………………… 117

表 5-7 宏观影响因素对知识产出回归系数 ……………………… 117

表 5-8 宏观影响因素与经济产出回归模型 ……………………… 118

表 5-9 宏观影响因素与经济产出方差分析 ……………………… 118

表 5-10 宏观影响因素对经济产出回归系数 …………………… 118

表 5-11 微观影响因素与知识产出回归模型 …………………… 120

表 5-12 微观影响因素与知识产出方差分析 …………………… 120

表 5-13 微观影响因素对知识产出回归系数 …………………… 120

表 5-14 微观影响因素与经济产出回归模型 …………………… 121

表 5-15 微观影响因素与经济产出方差分析 …………………… 121

表 5-16 微观影响因素对经济产出回归系数 …………………… 121

第一章 绪论

第一节 研究背景与研究意义

一、研究背景

创新资源是推动科技进步和经济社会持续发展的"第一资源",是衡量一个国家和地区综合发展水平和未来发展潜力的重要尺度。资源具有稀缺性的特点,所以与纯粹增加创新资源投入相比较,创新资源配置效率问题越来越受到重视。如何对创新资源进行优化配置,实现整个社会创新资源的高效整合,进而促进科技创新能力的持续提升,成为各国理论界和实际科技工作者关注的核心问题,也成为各国和各地区科技竞争的关键点。

自改革开放以来,我国的创新资源存量迅速增长,为科技创新和经济社会发展提供了重要的支撑。但是在创新资源数量高速增长和规模持续扩张的同时,创新资源配置问题逐步凸显,突出表现在:创新资源配置政策统筹协调能力薄弱、创新资源配置主体权责不够明确、创新资源配置制度机制不够完善、创新资源配置结构不尽合理,使创新资源配置效率整体不高,导致战略性研究受控于人，难以突破一些关键核心技术，难以形成一些重大原创性科技成果。创新资源配置效率的低下，在很大程度上将会影响到我国能否实现科技创新的跨越式发展，进而在新一轮国际竞争中取得绝对优势。

近年来，辽宁科技经费投入逐年增加，科技人力资源数量逐年增多，科技物力设施建设逐年加快，科技创新水平大大提高。但是在科技创新发展过程中仍存在诸多问题，突出表现在：创新资源配置缺乏整体布局，科技政策法规的效力等级较低，创新资源配置主体权责不明，创新资源投入结构不合理等。在全球科技竞争日益加剧和资源环境问题日益突出的今天，如何进一步提高辽宁的科技创新水平，进而进一步提升辽宁的经济实力及竞争力，已经成为地方政策制定者和理论研究者极为关注的问题。战略性新兴产业作为创新资源的重要载体，体现出一个国家或地区的经济实力和科技优势，所以各个国家和地区纷纷加大对战略性新兴产业的投入力度。在此背景下，研究辽宁战略性新兴产业创新资源配置效率问题，对于优化辽宁战略性新兴产业创新资源配置、进一步提升辽宁的科技创新水平具有重大的理论和现实意义。

二、研究意义

目前，针对辽宁创新资源配置方面的研究文献寥寥无几，尤其是针对辽宁战略性新兴产业创新资源配置方面的研究还未见到。本课题的研究目的，是在借鉴国内外相关研究成果的基础上，综合运用资源经济学、区域经济学、制度经济学、博弈论、系统科学、优化理论、数理统计、创新理论和方法，构建创新资源优化配置概念模型和框架，揭示创新资源配置多维层面梯度间的耦合关系和多元交叉互动机理，剖析科技创新体系各利益主体之间资源配置的利益博弈过程，构建创新资源配置效率和影响因素评价指标体系和测度模型，分析辽宁战略性新兴产业不同企业、不同行业和不同主体创新资源配置效率，剖析存在问题的深刻原因，并提出具有针对性的优化路径和对策建议，以期辽宁能够加快创新资源优化整合的步伐,大力提升创新资源的配置效率,进而走上科技含量高、经济效益好、资源消耗低、环境污染少、人力资源优势得到充分发挥的科技创新之路。

第二节　国内外研究现状述评

一、国外研究概况

目前,国外关于创新资源配置的研究主要集中在两个层面:宏观层面研究和微观层面研究。

(一)宏观层面研究

创新资源具有公共物品属性和正外部性①,因而单纯依靠市场无法实现优化配置,政府公共政策的供给成为弥补市场失灵的有效途径②。国外学界从宏观层面对创新资源配置的研究大多集中在创新资源配置的影响因素、创新资源配置的政策体系、创新资源配置的效果比较,以及创新资源优化配置的对策建议等方面。

1. 创新资源配置的影响因素研究

Riccardo Leoncini (1998) 通过对德国和意大利两个国家科技系统的数据进行实证分析,指出不同的政策体系和管理系统会对技术进化产生不同的影响

---

① Erik Dietzenbacher, Bart Los. Externalities of R&D Expenditures [J]. Economic Systems Research, 2002, 14 (4): 407-425.
② Ian Pownall. Collaborative Development of Hot Fusion Technology Policies: Strategic Issues [J]. Technology Analysis & Strategic Management, 1997, 9 (2): 193-212.

作用，进而导致创新资源配置的路径有所差别。①

Maloney Lederman（2003）对40个国家1960~2000年的创新资源统计数据进行实证分析，研究指出，人均GDP、政府补贴、科研机构的研究能力、企业与科研机构的合作程度以及知识产权保护程度等，是科技进步、研发行为和资源配置的重要影响因素。②

Seongkyoon Jeong 和 Sungki Lee（2015）对韩国政府支持的研发项目和Multi-assigned 研发领域的专利数据进行分析，研究指出技术融合的政策支持和突出矛盾关系到研发资源配置和技术融合水平。③

2. 创新资源配置的政策体系研究

Margaret Sharp 和 Keith Pavitt（1993）指出，国家制定科技政策应该以促进和完善科技进步为出发点，在完善科技结构、实现科技良性竞争、弥补科技体制缺陷等方面保持政策的协调一致，从而提升科技政策的执行效力。④

Morris Teubal（1996）认为，科技政策对于技术的外部性和市场失灵具有一定的调节作用。但这种调节作用在不同发展阶段具有不同的侧重点：在初期阶段，政府应该采取对经济活动中常规性、内生性的研发活动进行大规模的、灵活的、以搜寻导向为主导的支持方式；在后期阶段，政府应该将扶持的重点从传统形式的研发活动中转移开。⑤

Yoon-Hwan Hahn 和 Pyung-Ⅱ Yu（1999）指出，当前科技政策中存在

---

① Riccardo Leoncini. The Nature of Long-run Technological Change: Innovation, Evolution and Technological Systems [J]. Research Policy, 1998, 27 (1): 75-93.
② Maloney Lederman. R&D and Development, World Bank [Z]. Mimeo. 2003.
③ Seongkyoon Jeong, Sungki Lee. What Drives Technology Convergence? Exploring the Influence of Technological and Resource Allocation Contexts [J]. Journal of Engineering & Technology Management, 2015, 36 (19): 78-96.
④ Margaret Sharp, Keith Pavitt. Technology Policy in the 1990s: Old Trends and New Realities [J]. Journal of Common Market Studies, 1993, 31 (2): 129-151.
⑤ Morris Teubal. R&D and Technology Policy in NICs as Learning Processes [J]. World Development, 1996, 24 (3): 449-460.

的主要问题是技术研发政策和技术扩散政策不均衡。当局者往往强调技术研发政策而忽视技术扩散政策。所以，政府应该搭建科学合理的科技政策框架，促进这两者的协调均衡发展。①

Ekboir Javier（2003）认为，随着技术不断的复杂化，政府在制定科技政策时应该更加注重加强不同组织之间的密切合作，制定合理标准，严把研发质量关，给予研究人员充分的空间和资源，扩大公共研究的范围，提高公共研发资金管理制度的有效性。②

Renaud Bellais（2004）认为，由于存在机会成本，对基础研究投资会不断减少，因此需要政府通过科技政策进行引导，以形成有效的社会化科技投入机制。③

W. Edward Steinmueller（2010）认为，有关科技政策的多样性可以包括四个主题：影响科技供应的政策、互补因素、需求以及制度设计的变化。对于从这些主题中衍生出来的12项政策设计，要从它们寻求实现的目标、赞助者和执行者的能力以及可用于控制和评估的机制的角度加以审查。所以，新政策的演变伴随着其在规划和评价方面更加具有困难的挑战，这表明需要改进政策制定的理论框架。④

Richard B. Freeman（2015）指出，知识全球化使科技政策成为21世纪的"产业政策"，对经济绩效具有广泛影响。为了最大限度地利用知识全球化的

---

① Yoon – Hwan Hahn, Pyung – Ⅱ Yu. Towards a New Technology Policy: The Integration of Generation and Diffusion [J]. Technovation, 1999, 19 (3): 177 – 186.

② Ekboir Javier. Research and Technology Policies in Innovation Systems: Zero Tillage in Brazil [J]. Research Policy, 2003, 32 (4): 573 – 586.

③ Renaud Bellais. Post Keynesian Theory, Technology Policy and Long – term Growth [J]. Journal of Post Keynesian Economics, 2004, 26 (3): 419 – 440.

④ W. Edward Steinmueller. Economics of Technology Policy [J]. Handbook of Economics of Innovation, 2010, 28 (2): 1181 – 1218.

好处，需要平衡投资，扩大全球知识和政策存量。①

3. 创新资源配置效果的比较研究

Ai Tee K.（1995）对亚洲十国的创新资源配置状况进行了比较研究。比较的侧重点是：①竞争力强的企业具有何种特点；②宏观经济政策系统效率；③人力资源管理系统的差异；④研发基础结构和技术系统。②

Rolf G. Sternberg（1997）运用 OECD 关于研发的统计分析指标，对美、日、英、法、德五个发达国家的研发支出进行了实证分析，比较了五个国家在研发支出方面的配置效果，并应用 18 个评价指标对这五个国家在高技术领域的政策进行比较分析。③

4. 创新资源优化配置的对策建议研究

Lewis Branscomb（1992）指出，政府应该重视发挥企业作为创新主体和技术扩散主体的作用，通过鼓励联合研发、加大科研基础设施建设，提高企业科技成果转化能力，实现跨产业创新思想的产生。④

Linda Cohen（1994）认为，政府应该加强对研发合作内在的风险给予补贴，并且补贴方式要从过去直接补贴转变为提供人力、物力支持的间接补贴，例如提供国家实验室的所属专家和基础设施等。⑤

Ruud Smits、Jos Leyten 和 Pim Den Hertog（1995）指出，科技评估在科技

---

① Richard B. Freeman. Immigration, International Collaboration, and Innovation: Science and Technology Policy in the Global Economy [J]. Innovation Policy and the Economy, 2015 (15): 153 – 175.

② Ai Tee K.. Asian Miracle: The Scientific and Technological Dimension [C]. IEEE International Engineering Management Conference, 1995: 68 – 73.

③ Rolf G. Sternberg. Research, Patenting and Technological Change [J]. Econometricsa, 1997, 65 (6): 1389 – 1419.

④ Lewis Branscomb. Does America Need a Technology Policy [J]. Harvard Business Review, 1992, 70 (2): 24 – 30.

⑤ Linda Cohen. When Can Government Subsidize Research Joint Ventures Polities, Economies and Limits to Technology Policy [J]. The American Eeonomic Review, 1994, 84 (2): 159 – 163.

政策中占据重要地位，政府应该给予高度重视。①

Dianne Rahm 和 Veroniea Hansen（1999）指出，应当加强高校与企业的产学研合作。一方面利用技术转化帮助企业提高竞争力，另一方面促进两者的人员、装备和试验设施的共享，通过将高校的科技成果内化为企业的资源，来实现双方利润最大化和成本最小化。②

Renaud Bellais（2004）指出，政府应该通过科技政策的有效引导，构建全社会广泛参与的多元型科技投入机制。③

Greg Felker 和 Jomo Kwame Sundaram（2007）认为，政府应该部署和传播国外先进技术，创造有效的基础设施，从而进一步地完成技术发展目标。④

Hyun Ju Jung 和 Jeongsik "Jay" Lee（2014）指出，政府要开展有针对性的科技研究计划，从而提高研究效率。⑤

Richard B. Freeman（2015）指出，科学技术政策尤为重要，因为科技知识的全球化使科技政策成为21世纪的"工业政策"，对经济绩效产生了广泛的影响。为了使科技知识转化成最大利益，应该不断平衡科技政策和知识储备的投资。⑥

R. Michael Holmes 等（2016）指出，科技政策影响着企业如何创新和如

---

① Ruud Smits, Jos Leyten, Pim Den Hertog. Technology Assessment and Technology Policy in Europe: New Concepts, New Goals, New Infrastructures [J]. Policy Science, 1995, 28 (3): 271-299.

② Dianne Rahm, Veroniea Hansen. Technology Policy 2000: University to Industry Transfer [J]. International Journal of Public Administration, 1999, 22 (8): 1189-1211.

③ Renaud Bellais. Post Keynesian Theory, Technology Policy, and Long-term Growth [J]. Journal of Post Keynesian Economies, 2004, 26 (3): 419-440.

④ Greg Felker, Jomo Kwame Sundaram. Technology Policy in Malaysia [J]. International Journal of Technological Learning [J]. Innovation and Development, 2007, 1 (2): 153-178.

⑤ Hyun Ju Jung, Jeongsik "Jay" Lee. The Impacts of Science and Technology Policy Interventions on University Research: Evidence from the US National Nanotechnology Initiative [J]. Research Policy, 2014, 43 (1): 74-91.

⑥ Richard B. Freeman. Immigration, International Collaboration, and Innovation: Science and Technology Policy in the Global Economy [J]. Innovation Policy and the Economy, 2014 (15): 153-175.

何适应不断变化的环境,对发展战略和企业家精神具有重要意义。因此,不仅要对科技研究提供国家资助,还要提供国家保护,从而激励企业不断运用科技政策进行创新和实施适宜的创业策略,更加全面地了解政府机关和企业之间的相互作用。①

(二) 微观层面研究

国外学界从微观层面对创新资源配置进行的研究,主要包括对企业研发资源配置行为的影响因素研究和企业内部研发资源的优化配置研究两方面。

1. 企业研发资源配置行为影响因素研究

企业研发资源配置行为的影响因素研究,主要从以下两个方面展开:

第一,政府的政策补贴对企业研发资源配置行为的影响。

Paul S. Segerstrom 和 James M. Zolnierek (1999) 指出,政府应加大研发补贴,制定税收优惠政策,以此帮助降低企业的生产成本,激励行业领导者加大对企业的研发投入力度。②

Yong – Hong Wu (2005) 通过对企业研发支出的影响因素进行实证分析,指出政府对私人投资有着重要的引导作用,尤其是在高等教育和以研发为目标的规划等方面的作用更为显著。③

Day – Yang Liu 和 Lon – Fon Shieh (2005) 对 1991~2000 年纳入政府研发补贴计划的企业的相关数据进行实证分析,指出企业研发经费的自筹资金总额

---

① R. Michael Holmes, Shaker A. Zahra, Robert E. Hoskisson, Kaitlyn DeGhetto, Trey Sutton. Two – Way Streets: The Role of Institutions and Technology Policy in Firms' Corporate Entrepreneurship and Political Strategies [J]. Academy of Management Perspectives, 2016, 30 (3): 211 – 346.

② Paul S. Segerstrom, James M. Zolnierek. The R&D Incentives of Industry Leaders [J]. International Economic Review [H. W. Wilson – SSA], 1999, 40 (3): 745 – 766.

③ Yong – Hong Wu. The Effects of State R&D Tax Credits in Stimulating R&D Expenditure: A Cross – stante Empirical Analysis [J]. Journal of Policy Analysis and Management, 2005, 24 (4): 785 – 802.

与企业自有资本金和国家研发补贴具有正相关关系,而与企业规模无关。①

Daniel J. Wilson（2009）对 1981~2004 年的国家面板数据进行了一个增强型研发要素模型估计,指出政府采取各项税收激励措施可以提高企业研发水平,从而进一步提高企业实力与竞争力。②

Eui Young Lee 和 Beom Cheol Cin（2010）对 2000~2007 年韩国制造业企业进行了实证研究,指出政府补贴可以帮助企业承担失败风险和降低成本进行新技术开发项目,从而在一定程度上成功地促进企业的研发投资。③

Massimo G. Colombo 等（2011）指出,在竞争的基础上发放的政府研发补贴将会对企业产生积极的影响。④

Boris Lokshin 和 Pierre Mohnen（2012）对 1996~2004 年企业研发支出数据进行实证分析,并对成本进行了效益分析,指出企业研发成本因税收优惠而变化,因此,政府的研发激励机制可以有效地刺激企业对研发的投资。⑤

Bettina Becker（2015）指出,政府研发税收抵免和直接补贴都可以促进企业研发水平提高,从而充分利用研发资金。⑥

Nirupama Rao（2016）对 1981~1991 年美国联邦政府研发税收抵免的影响进行实证研究,指出企业成本降低会导致研究支出增加,因此,鼓励政府通

---

① Day – Yang Liu, Lon – Fon Shieh. The Effects of Government Subsidy Measures on Corporate R&D Expenditure: A Case Study of the Leading Product Development Programme [J]. International Jornal of Product Development, 2005, 2 (3): 2 – 7.

② Daniel J. Wilson. Beggar Thy Neighbor? The In – state vs. Out – of – state Impact of State R&D Tax Credits [J]. Review of Economics and Statistics, 2009, 91 (2): 431 – 436.

③ Eui Young Lee, Beom Cheol Cin. The Effect of Risk – sharing Government Subsidy on Corporate R&D Investment: Empirical Evidence from Korea [J]. Technological Forecasting and Social Change, 2010, 77 (6): 881 – 890.

④ Massimo G. Colombo, Luca Grilli, Samuele Murtinu. R&D Subsidies and The Performance of High – tech Start – ups [J]. Economics Letters, 2011, 112 (1): 97 – 99.

⑤ Boris Lokshin, Pierre Mohnen. How Effective are Level – based R&D Tax Credits? Evidence from the Netherlands [J]. Applied Economics, 2012, 44 (12): 1527 – 1538.

⑥ Bettina Becker. Public R&D Policies and Private R&D Investment: A Survey of The Empirical Evidence [J]. Journal of Economic Surveys, 2015, 29 (5): 917 – 942.

过一系列税收减免来降低企业成本。①

Antonio Minniti 和 Francesco Venturini（2017）指出，政府研发税收抵免形式的研发政策可以长期促进企业生产率的增长。②

Beom Cheol Cin 等（2017）对韩国制造业企业公共研发补贴的数据进行实证分析，指出公共研发补贴对韩国制造业中小企业的研发支出和提高生产率都有显著的积极影响，可以促进技术进步和经济增长。③

Dirk Czarnitzki 和 Katrin Hussinger（2018）指出，政府研发补贴会对企业专利产出产生积极的影响，激发企业研发动力。④

Li Li 等（2019）对 2009～2013 年 549 家上市公司和 192 家非上市公司进行实证研究，指出政府研发补贴具有认证效应，会对企业产生深远的影响。⑤

第二，企业的自身特点对企业研发资源配置行为的影响。

Scherer（1965）经研究发现，企业面临的技术机会和技术的专用性条件对企业的技术创新活动具有举足轻重的作用。⑥

K. Pavitt 等（1987）认为，企业规模与研发效率之间呈现"U"形关系，即较小和较大规模企业的研发效率要高于中等规模企业。⑦

---

① Nirupama Rao. Do Tax Credits Stimulate R&D Spending? The Effect of The R&D Tax Credit in Its First Decade [J]. Journal of Public Economics, 2016 (140): 1-12.
② Antonio Minniti, Francesco Venturini. The Long-run Growth Effects of R&D Policy [J]. Research Policy, 2017, 46 (1): 316-326.
③ Beom Cheol Cin, Young Jun Kim, Nicholas S. Vonortas. The Impact of Public R&D Subsidy on Small Firm Productivity: Evidence from Korean SMEs [J]. Small Business Economics, 2017, 48 (2): 345-360.
④ Dirk Czarnitzki, Katrin Hussinger. Input and Output Additionality of R&D Subsidies [J]. Applied Economics, 2018, 50 (12): 1324-1341.
⑤ Li Li, Jean Chen, Hong-Li Gao, Li Xie. The Certification Effect of Government R&D Subsidies on Innovative Entrepreneurial Firms' Access to Bank Finance: Evidence from China [J]. Small Business Economics, 2019, 52 (1): 241-259.
⑥ Scherer. Size of Firm, Oligopoly and Research: A Comment [J]. Journal of Economics and Political Science, 1965, 20 (5): 423-429.
⑦ K. Pavitt, M. Robson, J. Townsend. The Size Distribution of Innovating Firms in the UK: 1945-1983 [J]. Journal of Industrial Economics, 1987, 35 (3): 297-316.

Katharine Wakelin（2001）采用柯布－道格拉斯生产函数，对英国170家公司的研发强度进行数据分析，指出研发支出的投入增加对生产率提高具有很大影响。此外，企业进行创新历史越长，其研发回报率越高。①

Matthew Rafferty 和 Mark Funk（2004）指出，研发支出同企业的商业周期呈对称分布。②

Harisson Riffith（2004）则认为，竞争程度对研发支出有着重要影响，竞争程度过高或过低都会使研发支出减少。③

Joseph Peyretlae 和 Jeff Brice Jr（2004）对13个产业204家企业的相关数据进行实证分析，认为企业的规模、产品多样化程度、技术机会等对企业内部研发具有显著的影响，并且研发活动的效率也决定着边际研发资源配置的效果。④

Takehiko Yasuda（2005）以日本制造业企业为样本，通过实证研究表明，公司的发展时间、规模对其研发行为存在着确定性影响。⑤

Jörg C. Mahlich Thomas Roediger – Scluhga（2006）以1987～1998年日本15家上市公司的相关数据为样本进行研究，认为企业研发经费支出受预期回报率影响较大。⑥

---

① Katharine Wakelin. Productivity Growth and R&D Expenditure in UK Manufacturing Firms [J]. Research Policy, 2001, 30 (7): 1079 – 1090.

② Matthew Rafferty, Mark Funk. Demand Shocks and Firm – financed R&D Expenditures [J]. Applied Economics, 2004, 36 (14): 1529 – 1536.

③ Harisson Riffith. The Link between Product Market Reform and Macro – economic Performance [EB/OL]. http://europa.eu.Int/comm/economy_finance/publications/economic_papers/2004/ecp209en.pdf, 2014.

④ Joseph Peyrefitte, Jeff Brice Jr. Product Diversification and R&D Investment: An Empirical Analysis of Competing Hypotheses [J]. Organizational Analysis, 2004, 12 (4): 379 – 394.

⑤ Takehiko Yasuda. Firm Growth, Size, Age and Behavior in Japanese Manufacturing [J]. Small Business Economics, 2005, 25 (1): 1 – 15.

⑥ Jörg C. Mahlich Thomas Roediger – Schluga. The Determinants of Pharmaceutical R&D Expenditures: Evidence from Japan [J]. Review of Industrial Organization, 2006, 28 (2): 145 – 164.

Namchul Shin 等（2009）对 2000~2005 年 300 家电子商务企业的相关数据进行实证分析。研究指出，在研发上投入更多的领先企业会获得更高的价值与回报。①

Wen - Hsiang Lai 和 Pao - Long Chang（2009）认为，面对技术和市场快速转型的全球挑战，研发活动已成为企业进行创新的主要方式之一；此外，尽量降低交易成本已不足以确保公司生存。因此，企业必须调查和获取资源，以促进组织内部的创新。②

Subal C. Kumbhakar 等（2012）以 2000~2005 年欧洲研发投资者为对象进行实证分析。研究指出，就技术效率而言，研发与开发强度是解释企业效率的关键因素。③

Hsin - Ju Bien 等（2014）指出，具体资产、正式契约和研发合作伙伴之间的非正式交流会影响企业之间的信任，可以进一步促进企业绩效。④

Julian Baumann 和 Alexander S. Kritikos（2016）指出，企业可以通过创新来提高劳动生产率。⑤

2. 企业内部研发资源优化配置研究

关于企业内部研发资源优化配置的研究主要集中在企业内部研发人力资源配置、研发资金配置、研发成本控制、研发方案选择等方面。采用的研究方法

---

① Namchul Shin, Kenneth L. Kraemer, Jason Dedrick. R&D, Value Chain Location and Firm Performance in The Global Electronics Industry [J]. Industry and Innovation, 2009, 16 (3): 315 - 330.
② Wen - Hsiang Lai, Pao - Long Chang. Corporate Motivation and Performance in R&D Alliances [J]. Journal of Business Research, 2009, 63 (5): 490 - 496.
③ Subal Kumbhakar, Raquel Ortega - Argilés, Lesley Potters, Marco Vivarelli, Peter Voigt. Corporate R&D and Firm Efficiency: Evidence from Europe's Top R&D Investors [J]. Journal of Productivity Analysis, 2012, 37 (2): 125 - 140.
④ Hsin - Ju Bien, Tai - Ming Ben, Kuan - Fei Wang. Trust Relationships Within R&D Networks: A case Study from the Biotechnological Industry [J]. Innovation, 2014, 16 (3): 354 - 373.
⑤ Julian Baumann, Alexander S. Kritikos. The Link Between R&D, Innovation and Productivity: Are Micro Firms Different? [J]. Research Policy, 2016, 45 (6): 1263 - 1274.

主要包括：德尔菲法、层次分析法、马尔可夫过程、系统动力学、运筹学等方法，通过建立多准则、多目标的决策模型，与计算机紧密结合，并通过管理软件的设计，对研发资源进行合理有效的配置。

二、国内研究概况

我国学者对创新资源配置的研究始于20世纪90年代后期，经过近20年的发展，在研究的理论和方法上都取得了很大进展。目前，研究主要集中在以下几个方面：

（一）关于创新资源配置概念与内涵的研究

国内学者关于创新资源配置的概念与内涵的研究较多，基于不同的经济原理和发展理论，形成了不同的观点，其中较有代表性的如：

周寄中（1999）从创新资源发挥作用的视角出发，将创新资源配置定义为"创新资源在不同时空上的分配和使用"，包括配置规模、配置结构和配置方式三部分。从宏观层面看，创新资源配置是指将创新资源在不同科技活动主体，不同科技活动过程，地区、部门和学科领域之间进行分配，进而实现促进科技、经济和社会协调发展的目标。从微观层面看，创新资源配置是指某一科技活动主体内部对各种创新资源进行配置，目的在于实现科技成果的高效率产出。[①]

师萍和李垣（2000）首次引入新制度经济学理论，考虑制度和市场两个因素对创新资源配置的影响。他们从创新资源本质特性与制度环境因素假设的结合角度，给出了创新资源体系的组成和各部分之间内在联系的模型。研究认为，创新资源配置体系可划分为科学技术形成的坚实核心、专业技能系统、技

---

① 周寄中. 创新资源论 [M]. 西安：陕西人民教育出版社，1999：107-113.

术市场和制度界面四个组成部分。①

丁厚德（2001）认为创新资源配置是战略配置，是全社会资源配置的关键。创新资源配置主要包括：科技人才、科技资金、科学研究实验（试验）装备和科技信息。②

孙宝凤和李建华（2001）从可持续发展的角度，认为创新资源优化配置的目标是形成技术进步和经济可持续发展的良性循环，最终达到人口、资源、环境和发展的动态平衡。③

刘玲利（2007）运用系统演化理论对创新资源配置系统的形成进行了论述，建立了比较完整的、系统的创新资源配置理论分析框架。此外，她还从效率的概念出发，对创新资源配置系统的结构及其特征、运行机制以及配置环境进行了分析。④

（二）关于创新资源配置效率的研究

目前，国内学界关于创新资源配置效率的研究，主要是从定性和定量两方面展开的。

1. 定性研究

国内学者对创新资源配置效率的定性研究，主要是以政府和技术市场为研究对象，从机制视角展开，多采用理论分析和比较研究的方法。

宋宇（1999）以技术创新与扩散的基本理论为依据，对创新资源配置过程中存在的若干无效率现象进行了分析。他指出，技术市场是一个不完全竞争的市场，单纯的配置机制均不可能达到最优，这与技术资源配置中的一系列

---

① 师萍，李垣. 创新资源体系内涵与制度因素 [J]. 中国软科学，2000（11）：55-56，120.
② 丁厚德. 创新资源配置的战略地位 [J]. 哈尔滨工业大学学报，2001（1）：35-41.
③ 孙宝凤，李建华. 基于可持续发展的创新资源配置研究 [J]. 社会科学战线，2001（5）：36-39.
④ 刘玲利. 创新资源配置理论与配置效率研究 [D]. 长春：吉林大学博士学位论文，2007.

"悖论"有关，如机制悖论、专利悖论、契约悖论、市场悖论和产权悖论等。①

李立和邓玉勇（2001）指出，科技组织运行模式存在的体制性障碍、知识的资本化过程难以推进和管理体制不顺等，是创新资源配置效率低下的主要影响因素。②

彭华涛（2006）运用了制度经济学的相关理论，认为是信息不对称和政府固有的弱性膨胀导致了政府创新资源配置的低效率。③

刘玲利（2009）基于演化经济学的基本思想，分别从市场、制度和文化等方面对创新资源配置机制进行分析，认为市场配置、制度配置和文化配置三者的协同作用，有助于实现创新资源的优化配置，促进创新资源配置效率的提高。④

2. 定量研究

国内学者对创新资源配置效率的定量分析方面的研究较多，采用了很多数量模型，其中运用比较广泛的有以下几种：

（1）最优化方法。

李晓群等（1999）基于创新资源配置与使用的系统分析，以创新资源配置的经济、社会效益的效用函数为目标函数，以地区科学家和工程师总量、科技经费筹集额为指标建立创新资源综合实力指数，构建创新资源配置效益最优化模型。⑤

李建华等（2001）通过建立科技人力与财力匹配效益的数学模型和对匹

---

① 宋宇. 创新资源配置过程中的难点和无效率现象探讨［J］. 数量经济技术经济研究，1999（10）：29－31.
② 李立，邓玉勇. 我国创新资源配置机制转换研究［J］. 科技管理研究，2001（2）：41－45.
③ 彭华涛. 区域科技资源配置的新制度经济学分析［J］. 科学学与科学技术管理，2006（1）：141－144.
④ 刘玲利. 创新资源配置机制研究［J］. 经济纵横，2009（2）：24－26.
⑤ 李晓群，谢科范，李季泽. 创新资源及其利用率评价的理论分析［J］. 技术经济，1999（11）：48－51.

配效益曲线的分析，指出对科技人力资源与财力资源匹配规模优化，就是要使两种资源均处于有效约束状态，只有两种资源均处于有效约束状态才能实现匹配效益。①

梅静娟和李石柱（2002）对科技创新过程不同阶段的投入产出特性进行研究，对科技投入产出进行量化，以创新资源综合效益最大化为目标函数，从理论上搭建起创新资源配置阶段结构的优化模型。②

王雪原（2008）建立区域科技经费项目优化配置模型，指出优化分配科技计划项目经费，应当充分考虑不同创新环节、不同项目类别、不同创新主体、不同产业领域及空间地区之间的项目经费分配情况，以实现区域科技计划经费投入的优化。同时应当充分考虑区域内科技人力和科技物力等各种创新资源的优化配置问题，在充分考虑各子系统优化解的基础上，确定整体优化解，以提高区域科技创新资源的利用与配置效率。③

王守文和石懿（2017）根据区域科技创新资源的要素分类进行配置筛选。由于资源筛选是一个非线性组合优化的过程，因此通过改进蚁群算法的多次迭代运算，发现启发式信息、正反馈机制、信息素挥发机制是影响主体参与机制和资源要素配置的三个决定因子。最后以政府的参与实证为例，提出可以寻找最优经济和社会效益导向下的区域科技创新资源最优配置体系。④

张晓明等（2018）以资源配置优化为主体，通过对关键资源的配置优化，实现企业创新过程关键投入最小化、重要产出最大化、关键投入与重要产出同

---

① 李建华，周胜军，孙宝凤．我国科技人力资源与财力资源匹配规模优化研究［J］．科学管理研究，2001（6）：72-76.
② 梅静娟，李石柱．科技资源配置阶段结构优化理论数学模型［J］．北京机械工业学院学报，2002（2）：59-64.
③ 王雪原．基于科技计划的区域科技创新资源配置系统优化研究［D］．哈尔滨：哈尔滨理工大学博士学位论文，2008.
④ 王守文，石懿．基于改进蚁群算法的区域科技创新资源优化配置研究［J］．科技管理研究，2017（8）：104-108.

时最优三种目标。同时，将其用于创新型企业创新效率提升路径的研究中，丰富效率提升的有效路径，使企业的创新效率得到不同程度的提升。①

（2）主成分分析法。

魏守华和吴贵生（2005）运用主成分分析法对我国30个省份的创新资源配置效率进行分析。研究结果表明，组成创新资源系统的各要素是相互作用、相互影响的，而其中的科技物力资源、信息资源和组织资源的作用效果都反映在科技人力资源和科技财力资源上。因此，对于创新资源配置效果的评价就基于科技人力资源和财力资源的分析。②

贾钢涛和杨勇（2013）采用主成分分析方法对陕西创新资源配置效率进行研究，研究结果表明，陕西各地区的创新资源配置效率存在很大的差异性，各地区创新资源分布不均衡，发展不协调。针对上述问题提出了相应的对策建议。③

（3）数据包络分析（Data Envelopment Analysis，DEA）法。

吴和成和郑重勇（2003）运用改进的DEA方法，对我国1999～2000年各地区科技投入产出相对有效性进行测度。研究指出，对于规模收益递减的地区，要充分发挥现有投入资源的效用，而对于规模收入递增且技术有效的地区，则应加大投入的力度。④

孙宝凤等（2004）运用DEA方法对我国东部、中部、西部地区的创新资源状况进行了评价。研究指出，我国区域创新资源配置具有非均衡性，并揭示

---

① 张晓明，王应忠，施海柳. 效率视角下创新型企业关键资源优化配置研究［J］. 科技管理，2018（5）：103-111.
② 魏守华，吴贵生. 区域创新资源配置效率研究［J］. 科学学研究，2005（4）：467-473.
③ 贾钢涛，杨勇. 基于主成分分析的陕西创新资源配置效率研究［J］. 技术与创新管理，2013（3）：216-224.
④ 吴和成，郑垂勇. 科技投入产出相对有效性的实证分析［J］. 科学管理研究，2003（6）：93-96.

了创新资源配置相对效率的影响因素,强调国家和地方应在提高创新资源配置有效性的基础上,加强投入与产出两者的结构调整。①

吴瑛和杨宏进(2006)基于 DEA 模型对我国 1995~2004 年高技术产业的创新资源配置效率进行分析。研究指出,创新资源投入对我国高技术产业发展的作用不明显,高技术产业内部各行业的效率变化对整个产业的创新资源配置效率有重要影响。②

王雪原和王宏起(2008)采用 DEA 分析方法,对我国 31 个省份创新资源配置技术有效性和规模有效性进行了系统分析,并提出相应的改善建议。③

沈赤等(2011)采用 DEA 中的 VRS 模型对 1989~2009 年我国政府创新资源配置效率水平进行了评价。研究结果表明,1998~2009 年我国政府创新资源配置效率处于较高水平。除少数几个年份外,其余年份的综合效率值均为 1.0。为了持续保持创新资源的高配置效率水平,必须对创新资源投入总量进行合理控制,不断调整和优化科技投入结构,有效提高科技经费的使用效益。④

杨凤鸣等(2014)基于三阶段 DEA 模型,从省域的角度,对创新资源配置效率的差异性进行分析。研究表明,目前创新资源配置效率不高,且区域差异较为显著。各个区域的配置效率普遍存在纯技术效率较高和规模效率较低的问题。另外,经济发展和教育投入水平的提高有利于创新资源配置效率的改进,而工业发展水平、外贸依存度和开放程度对创新资源配置效率的作用不

---

① 孙宝凤,李建华,杨印生. 运用 DEA 方法评价地区创新资源配置的相对有效性[J]. 数理统计与管理,2004(2):52-58.
② 吴瑛,杨宏进. 基于 R&D 存量的高技术产业创新资源配置效率 DEA 度量模型[J]. 科学学与科学技术管理,2006(9):28-32.
③ 王雪原,王宏起. 我国科技创新资源配置效率的 DEA 分析[J]. 统计与决策,2008(8):108-110.
④ 沈赤,章丹,王华锋. 基于数据包络分析 VRS 模型的我国政府创新资源配置效率评价[J]. 企业经济,2011(12):145-150.

明显。①

史安娜和徐巧玲（2015）基于 DEA 的超效率 CCR 模型与 Malmquist 指数模型，对我国创新资源配置效率进行实证分析。研究结果显示，2001～2012 年我国 30 个省域创新资源配置效率高低、变动趋势以及影响因素存在较大差异。②

肖碧云（2016）基于 DEA 模型测算分析了我国 31 个省份的农业科技创新资源配置效率，结果表明：我国农业科技创新资源的配置效率整体不高，省际农业科技创新资源配置效率差距较为明显。通过对比 2005 年和 2015 年的农业科技创新资源配置效率值可以得出，2015 年我国农业科技创新资源配置效率整体比 2005 年有所提高，并提出了加大农业科研投入力度、优化农业科技投入要素配置和建立差异化激励政策等对策建议。③

陈雯文（2017）基于 DEA 模型与 Malmquist 指数模型对我国科技资源配置效率进行测度和排序，同时对我国科技资源配置效率进行投影分析，了解非 DEA 有效地区的无效原因，以及如何调整该地区的投入产出使之达到有效，并动态分析我国 2000～2013 年的科技资源配置效率变动状况，对全要素生产率进行分解，探究引起科技资源配置效率动态变化的内部原因，最后给出相应的政策建议。④

郝铖文（2018）首先基于 DEA 超效率模型建立创新资源配置效率评价指标体系，并对中国各地区的创新资源配置效率进行了测度；其次，采用专利申

---

① 杨凤鸣，陈国生，彭文武. 基于三阶段 DEA 模型的省域创新资源配置效率差异分析 [J]. 湖南社会科学，2014（6）：193 - 197.
② 史安娜，徐巧玲. 我国科技创新资源配置效率的实证分析——基于 DEA 的超效率 CCR 模型与 Malmquist 指数模型 [J]. 科技管理研究，2015（1）：54 - 59.
③ 肖碧云. 基于 DEA 模型的我国农业科技创新资源配置效率研究 [J]. 吉林农业科技学院学报，2016（12）：62 - 65.
④ 陈雯文. 我国科技资源配置效率及其影响因素研究 [D]. 杭州：浙江工商大学硕士论文，2017.

请量、技术市场成交额、新产品销售收入等指标,创新性地构建了 TOPSIS 区域创新驱动指数,测度了中国各个地区的创新驱动发展水平,并对 2003~2016 年创新资源配置对区域创新驱动的影响进行了实证评估,以期对未来优化创新资源配置进而推进创新驱动发展提供科学依据。①

(三) 关于创新资源配置效率影响因素的研究

刘玲利 (2008) 采用随机效应模型,对创新资源配置效率变化的影响因素进行实证检验。研究表明,区域内企业的研发角色、科研机构改革、产学研合作、产业结构调整、高技术产业发展和西部区位因素对创新资源配置效率具有显著的正效应,而政府的资金支持效果不明显。②

周伟和韩家勤 (2012) 基于结构方程模型,对区域创新资源配置影响因素进行实证研究。研究结果表明,创新资源投入、科技环境和科技持续发展能力对创新资源配置均具有显著影响,且创新资源投入对创新资源配置的影响最大,其次是科技配置环境和持续发展能力。③

孟卫东和王清 (2013) 运用 DEA – Tobit 两步法,对 2010 年我国 30 个省份创新体系创新资源配置效率的影响因素进行分析。研究表明:区域开放度、高技术产业发展、科研机构的人才投入、企业对科技创新的支持力度与区域创新资源配置效率正相关,而区域经济发展水平与区域创新资源配置效率负相关,产学研结合水平、政府科技投入等因素对区域创新资源配置的影响不显著。④

---

① 郝铖文. 创新资源配置对中国区域创新驱动影响研究 [D]. 郑州:华北水利水电大学硕士论文, 2018.
② 刘玲利. 中国创新资源配置效率变化及其影响因素分析:1998 – 2005 年 [J]. 科学学与科学技术管理, 2008 (7):13 – 19.
③ 周伟, 韩家勤. 区域创新资源配置的影响因素分析——基于结构方程模型的实证研究 [J]. 情报杂志, 2012 (1):185 – 189.
④ 孟卫东, 王清. 区域创新体系创新资源配置效率影响因素实证分析 [J]. 统计与决策, 2013 (4):96 – 99.

梅舒娥和陈文军（2015）运用链式网络 DEA 模型衡量我国 15 个副省级城市的创新资源配置效率，采用 Tobit 模型对创新资源配置的分阶段和综合效率的影响因素进行分析。研究表明，城市经济开放程度和政府财政教育支持强度对创新资源配置效率具有显著的正向影响，政府财政科技支持强度对其具有显著的负向影响，城市能耗水平、城市经济发展水平、城市信息化水平、高技术产业发展水平、高等教育发展水平等因素对其影响不显著。①

崔冶真（2016）运用数据包络法对 2013 年我国 30 个省份的创新资源配置效率进行了测度，再根据测算结果对创新资源配置效率的影响因素进行 Tobit 回归分析。结果表明，政府对科技活动的支持力度、企业产学研合作水平以及基础设施建设对提升创新资源配置效率有积极的影响，而教育投资对创新资源配置效率却有负面的影响。②

陈雯文（2017）运用 DEA 模型对影响我国 2000~2013 年科技资源配置效率的因素进行分析，研究表明，2000~2008 年，产学研结合水平对我国科技资源配置有显著的正影响，而经济发展水平、教育发展水平、产业结构调整和经济发展开放水平对我国科技资源配置效率没能起到预期的促进作用；2009~2013 年，经济发展水平对我国科技资源配置效率有显著的负影响，经济开放水平和教育发展水平有显著的正影响，产业结构调整和产学研结合水平没能起到预期的促进作用。③

肖建华和熊娟娟（2018）运用 DEA 模型，基于 18 个国家级新区所在地及其高新区的数据，考量企业在创新资源配置过程中的财政政策效率。结合 Tobit 模型的影响因素分析发现，高新区与新区的财政政策效率影响因素差异较

---

① 梅舒娥，陈文军. 我国副省级城市创新资源配置效率及影响因素分析［J］. 科技管理研究，2015（6）：64-68.
② 崔冶真. 我国创新资源配置效率及其影响因素分析［J］. 中国集体经济，2016（4）：13-14.
③ 陈雯文. 我国科技资源配置效率及其影响因素研究［D］. 杭州：浙江工商大学硕士学位论文，2017.

大，一些能对新区财政政策效率造成显著影响的因素，并不能对高新区财政政策效率造成影响，说明高新区的发展已相对成熟，对产业集聚及创新资源引导发挥了较好作用，而新区仍有提升的空间。①

(四) 关于创新资源优化配置的研究

关于创新资源的优化配置研究，有基于各种科技创新资源角度，即科技政策资源、科技人力资源和科技财力资源等的优化配置研究，也有基于各个创新主体，即企业、高校和研究机构等的优化配置研究，也有宏观层面较为综合的优化配置机制、路径和对策研究。

王雪原和王宏起 (2008) 通过对科技计划配置功能与作用机制的系统分析，基于促进科技创新资源优化配置视角，提出科技计划管理的前期战略研究、科技计划项目指南生成、科技立项评审、过程管理与成果管理、后评估等环节的完善策略。②

沈赤和楼钰华 (2010) 从创新资源配置主体入手，引入合作博弈理论，对创新资源优化配置的路径进行分析研究，认为合作博弈下创新资源优化配置机制的形成可以看作不同资源提供者之间的合作博弈、资源提供者和主体利用者之间的合作博弈两个层次博弈的结果。③

陈皓和郑垂勇 (2013) 以整体经济效益最大化为目标，通过构建线性规划模型来寻求创新资源在产业部门之间优化配置方案，寻求合理的创新资源配置路径，并提出三条对策建议：加大科技财力资源的投入力度、优化创新资源

---

① 肖建华，熊娟娟. 财政引导创新资源配置效率及其影响因素——来自 18 个高新区与新区的经验分析 [J]. 财政理论与实践，2018 (5)：105 - 111.
② 王雪原，王宏起. 基于科技计划的区域科技创新资源优化配置策略 [J]. 现代管理科学，2008 (5)：41 - 43.
③ 沈赤，楼钰华. 创新资源优化配置的路径选择及其对策 [J]. 企业经济，2010 (7)：19 - 21.

的配置结构和增强科技人力资源后备力量。①

杜宝贵和隋立民（2015）对科技政策资源及其优化含义进行界定，探讨了科技政策资源配置基本维度与制约因素，提出科技政策资源优化应坚持三个基本原则：参与配置主体范围最大化、配置结果公共利益最大化和配置结果社会成本最小化。②

赵树宽（2015）在分析国内长三角、珠三角、京津冀和长吉图开发开放先导区科技信息资源配置实践进展和影响面向区域创新的科技信息资源配置影响因素的基础上，构建科技信息资源优化配置模式；综合科技信息资源的特点，设计科技信息资源配置影响因素评价指标体系，并根据影响因素和配置原则构建科技信息资源优化配置模式；分析政府、企业、高等院校、科技中介机构分别为主导的科技信息资源配置模式，指出面向区域创新的科技信息资源的优化配置需要政府的指导、企业的联合、高等院校的知识创新以及科技中介机构的联合。③

谢从晋等（2019）运用大数据工具与智能化服务，探索资源优化配置的对策，让有限的资源发挥出最大的效能，从而为解决我国科技创新管理体制机制存在的长期性、结构性问题提供参考，为科技管理决策方式的转变提供支持。④

三、国内外研究现状评价

综上，国内外关于创新资源配置方面的丰富研究成果，可以为我们进一步

---

① 陈皓，郑垂勇. 基于线性规划理论的产业部门创新资源优化配置研究 [J]. 经济问题探索，2013（5）：80 - 84.
② 杜宝贵，隋立民. 科技政策资源优化配置论纲 [J]. 科技进步与对策，2015（5）：1 - 3.
③ 赵树宽. 面向区域创新的科技信息资源优化配置模式研究 [J]. 图书情报工作，2015（3）：40 - 46.
④ 谢从晋，杨柳，毕孝儒. 大数据环境中资源优化配置策略研究 [J]. 中国商论，2019（16）：26 - 27.

研究提供良好的思路和方法，但这些研究仍然不是很完善。主要有四点：

第一，目前国内外关于创新资源配置的研究都是以应用研究为主，还没有建立起关于创新资源配置完整而系统的理论分析框架。理论研究主要是关于创新资源配置概念的，而对于创新资源配置的内在原理及运行机理（如各利益主体之间的耦合关系和博弈过程）的研究还较少。进一步完善创新资源配置理论，形成关于创新资源配置的完整的、系统的理论框架应是未来的重点研究方向。

第二，国外关于创新资源配置问题的研究多是从原因入手，通过对各国、各地区和各行业等的研发数据进行比较，或者对创新资源配置行为的影响因素进行分析，进而探讨创新资源优化配置的对策。而国内关于创新资源配置问题的研究多是从现象入手，主要是对科技资源配置现状进行评价，指出存在的问题，提出相应的对策，但对于创新资源配置效果的各种影响因素的深入分析较少涉及。

第三，国外的研究主要以企业为主，国内的研究主要以区域为主，并且大多讨论的是整个区域的科技投入产出效率，对区域中各主体之间如何配置、各行业之间如何配置、不同创新过程应如何配置等没有涉及。

第四，国内外对创新资源优化配置对策建议方面的研究主要都是指出需要努力的方面，但没有给出具体的标准或者量化值。

第三节 研究框架与研究内容

一、研究框架

本书在系统回顾各种资源配置理论以及系统分析资源配置效率相关概念和指标体系的基础上，通过构建资源配置系统概念模型，对创新资源配置主体的耦合关系、博弈过程、创新资源配置的影响因素、配置机制与运行模式等进行深入剖析，并构建创新资源配置效率及影响因素的评价指标体系和测度模型，对辽宁战略性新兴产业创新资源配置的总体效率、行业效率和主体效率及其影响因素进行测度研究，并指出辽宁资源优化配置的路径以及相关的对策建议。本书研究框架如图1-1所示。

二、研究内容

本书基本内容主要包括以下七个部分：

（1）绪论。介绍本书研究的基本背景、指出本书研究的重要意义，对国内外研究现状进行述评，介绍本书的研究框架、本书的研究内容，以及主要采用的研究方法，并指出本书几个主要的创新点。

（2）创新资源配置的概念模型和理论分析。该部分主要阐述创新资源配置的基本概念和相关理论，构建全书的理论框架。主要包括创新资源的内涵及分类，创新资源配置的内涵及概念模型，创新资源配置的主体要素、耦合关系、博弈过程、配置机制和运行模式等。

（3）创新资源配置效率评价指标体系及测度模型构建。该部分主要构建创新资源配置效率及影响因素评价指标体系和测度模型。创新资源配置效率评价指标体系是多维复合指标体系，包括创新资源和科技产出指标两个方面，创新资源指标包括科技人力资源、财力资源、物力资源、信息资源四个维度，科技产出指标包括知识产出和经济产出两个维度。创新资源配置效率影响因素指标体系包括宏观影响因素和微观影响因素，宏观影响因素包括政策因素、经济因素、市场因素和文化因素四个维度；微观影响因素包括网络参与度、网络联结度和网络平稳度三个维度。分析比较创新资源配置效率测度模型和方法，构建三阶段DEA模型和多元回归模型等，为下文的实证研究打下测度模型和测算方法基础。

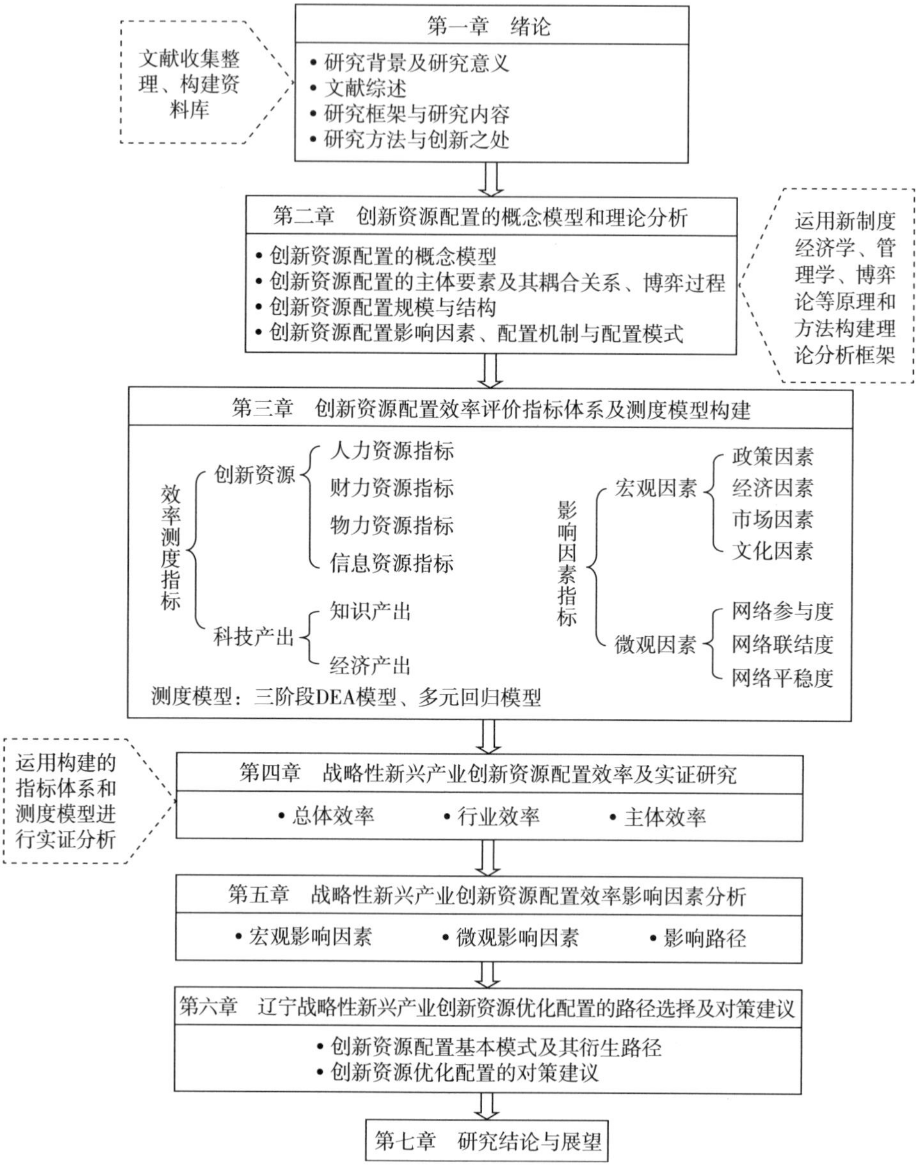

图1-1 本书研究框架

（4）战略性新兴产业创新资源配置效率及实证研究。该部分主要对辽宁战略性新兴产业的不同企业、不同行业和不同主体创新资源配置效率进行测度，对不同企业规模、企业性质和产业类型，以及不同行业和不同主体特点对创新资源配置效率的决定作用进行剖析，并对中央财政拨款、地区生产总值、市场开放度和教育发展水平等因素对辽宁创新资源配置效率的影响进行分析，通过分析探寻辽宁创新资源配置存在的问题并剖析其原因。

(5) 战略性新兴产业创新资源配置效率影响因素分析。该部分分别从宏观影响因素和微观影响因素两个角度，对创新资源配置效率影响因素进行分析，并指出各个因素对创新资源配置的影响路径。

(6) 辽宁战略性新兴产业创新资源优化配置的路径选择及对策建议。该部分首先根据辽宁创新资源配置效率的测度结果，借鉴国内外有益经验，提出学研资源开放模式、行业资源集聚模式、孵化基地资源协同模式、中介机构资源整合模式等创新资源配置的基本模式，并提出基于知识链、价值链和物联网的三种战略性新兴产业集群衍生路径。从实施科技人才培养开发战略、建立科技资金投资融资体系、完善科技基础条件平台建设、构建政产学研合作协同机制、优化创新资源整合外部环境等角度，提出创新资源优化配置的对策建议。

(7) 研究结论和展望。对本书中的基本观点和主要结论进行总结，并对本书研究过程中未能解决的问题，以及未来需要进一步研究的方向进行说明。

第四节 研究方法与创新之处

一、研究方法

(1) 规范分析法与实证分析法相结合。本书综合运用资源经济学、区域经济学、制度经济学、博弈论、系统科学、优化理论、数理统计、创新理论和方法，构建创新资源配置概念模型和框架，为辽宁战略性新兴产业创新资源配置效率的测度提供理论依据。同时，构建评价指标体系和测度模型，运用问卷数据、宏观数据和计量分析方法，对辽宁战略性新兴产业的不同企业、不同行业、不同创新主体创新资源配置效率及其影响因素进行实证分析。

（2）经验分析法与比较分析法相结合。对一些典型国家、地区、行业和企业的创新资源配置状况进行经验分析，并总结其发展规律和特点。对辽宁战略性新兴产业不同规模、不同性质企业创新资源配置总体效率、战略性新兴产业不同行业创新资源配置效率和战略性新兴产业产学研合作中不同主体创新资源配置效率进行比较分析，以此客观总结辽宁创新资源配置的现状，深入剖析创新资源配置方面存在的问题及其成因，对经验教训进行归纳总结。

（3）定性分析法与定量分析法相结合。对辽宁创新资源配置的体制机制进行定性研究。同时运用系统论和博弈论对创新资源配置中的利益主体耦合机制和博弈机制进行定量研究，构建评价指标体系，通过线性规划模型和回归模型等对创新资源配置效率及影响因素进行分析。

二、创新之处

（1）在理论方面，本书构建一个全新的创新资源配置的分析框架，以深入探讨创新资源配置的本质、动力机制和运行模式等，强调该分析框架对辽宁创新资源优化配置的指导性。

（2）在实践方面，本书通过构建评价指标体系和测度模型，对辽宁创新资源配置效率从不同层面进行实证分析，这使研究的视角更加多维化，解剖更加全面，论证更加充分。

（3）在政策方面，根据辽宁创新资源配置的特点及存在问题，剖析制约创新资源配置效率提升的制度及机制阻碍，并从不同角度提出资源配置模式和优化路径，使研究更具体、更有针对性。

第二章 创新资源配置的概念模型和理论分析

第一节 创新资源配置的概念模型

一、创新资源的内涵及分类

（一）创新资源的内涵

阿兰·兰德尔（Alan Randall）是资源经济学理论的创立者，他在其著作《资源经济学》中将资源定义为"由人们发现的有用途和有价值的物质"[①]。这里的资源仅指自然资源。史忠良、肖四如在其著作《资源经济学》中将资源定义为"自然界及人类社会中一切为人类所用的资财"[②]。这里的资源包含自然资源和经济资源，这两种基于生态学和经济学意义上的资源观是传统意义上的资源观。随着人类社会的发展，资源的概念不断被拓展和深化，各种社会要

---

① ［美］阿兰·兰德尔. 资源经济学［M］. 施以正译. 北京：商务印书馆，1989：12.
② 史忠良，肖四如. 资源经济学［M］. 北京：北京出版社，1993：13.

素被逐渐纳入资源的内涵中,从而形成了既相互独立又相互联系的六大资源子系统:自然资源、经济资源、文化资源、人力资源、政治资源和制度资源。后五种资源是人类社会的劳动成果,又统称为社会资源。① 一些学者从可持续发展经济学的角度提出"泛资源"理论,将资源的概念发展为包括自然资源、社会资源和知识资源三个层面的系统,使人们对于资源的认识进入一个全方位、完整的状态。创新资源是知识资源的重要组成部分,同时其内涵与外延又非常广泛,涉及上述资源的各个方面。周寄中在其著作《创新资源论》中对创新资源进行界定,认为"创新资源是科技活动的物质基础,是创造科技成果、推动整个经济和社会发展的要素集合"②。

本书认为,创新资源是科技主体进行科技创新活动的重要基础,是能够直接或间接推动科技进步,进而促进经济和社会发展的一切资源要素的集合。这里强调创新资源是一种资源要素的集合,从而体现了创新资源的系统性特征。

(二) 创新资源的分类

国外对创新资源分类的主要观点是将创新资源划分为科技人力资源和科技财力资源两类。国内学者中比较有代表性的如周寄中将创新资源分为科技人力资源、科技财力资源、科技物力资源和科技信息资源;刘玲利在其博士学位论文中指出创新资源包括科技人力资源、科技财力资源、科技物力资源、科技信息资源、科技市场资源、科技制度资源和科技文化资源七大类,并根据两类不同的划分标准对创新资源进行分类,其中根据创新主体的不同划分为诱致性创新资源(包括科技人力资源、科技财力资源、科技物力资源、科技信息资源、科技市场资源和科技文化资源)和强制性创新资源(主要指科技制度资源)两大类;根据内容特点及相互作用关系划分为基础性核心创新资源(包括科

---

① 韦正球. 大资源观初探 [J]. 学术论坛, 2006 (2): 63 - 66.
② 周寄中. 创新资源论 [M]. 西安: 陕西人民教育出版社, 1999: 4.

第二章 创新资源配置的概念模型和理论分析

技人力资源、科技财力资源、科技物力资源和科技信息资源)和整体功能性创新资源(包括科技市场资源、科技制度资源和科技文化资源)。①

综合各种创新资源的分类观点,大体覆盖了科技人力资源、科技财力资源、科技物力资源、科技成果资源、科技信息资源、科技组织资源、科技制度资源、科技文化资源和科技环境资源等方面。根据动态演化理论,随着时间的推移,创新资源要素会不断演化。演化的动力主要来源于两个方面:一方面来源于科学技术自身的发展及经济社会发展对科技的需求;另一方面来源于政府及其代理机构等外部力量的作用。创新资源要素总体上朝着内涵不断丰富和质量不断提高的方向发展。②

本书将创新资源分为科技人力资源、科技财力资源、科技物力资源、科技信息资源四个方面。其中,科技人力资源是创新资源中最具能动性和创造性的要素,处于核心地位;科技财力资源为科技活动提供财力支持,是进行科技活动的重要支撑;科技物力资源为科技活动提供科研基础设施,是进行科技活动的物质基础;科技信息资源为科技活动提供知识、情报和信息,是进行科技活动的知识基础。

二、创新资源配置的概念模型

(一)创新资源配置的内涵

创新资源配置是指创新资源在不同利益主体、不同领域、不同创新阶段、不同空间和时间上的分配和使用。可以从宏观、中观和微观三个层面理解其内涵。

宏观层面的创新资源配置是指整个社会的创新资源在不同科技创新主体、不同科技创新过程、不同地区、不同行业和不同部门中的配置问题。宏观层面的创新资源配置是最高层次上的创新资源配置,其目标是在全社会范围内实现

---

① 刘玲利. 创新资源配置理论与配置效率研究 [D]. 长春:吉林大学博士学位论文,2007.
② 孙绪华. 我国创新资源配置的实证分析与效率评价 [D]. 武汉:华中农业大学博士学位论文,2011.

创新资源的有效整合。

中观层面的创新资源配置主要指创新资源在不同地区和不同部门中的配置问题。中观层面的创新资源配置介于宏观层面创新资源配置和微观层面创新资源配置之间。

微观层面的创新资源配置是指创新资源在具体的科技创新活动和创新环节中的配置问题。科技创新主体对各种创新资源进行有效的组织和配置，实现科技产出成果最大化。①

(二) 创新资源配置的系统模型

系统的概念和思想来源于人类在长期的社会实践中，对现实世界认识的不断深化。美籍奥地利生物学家贝塔朗菲（Ludwig von Bertalanffy）对系统的定义是"相互作用的多元素的复合体"②。

创新资源是由具有相互作用的多种元素组成的集合，其本身就是作为系统存在的。用系统的一般理论认识创新资源配置体系，即以系统的观点研究创新资源配置的主体、结构、层次、功能、特性及分类等，并在时间和空间上研究其动态发展过程。本书构建的创新资源配置系统模型如图2-1所示。

在创新资源配置系统中，创新资源配置主体（即政府、企业、高校和科研机构）在影响创新资源配置的四种宏观因素（即政策、经济、市场和文化）的驱使下，形成创新资源配置的独特网络，创新网络中各个主体的网络参与度、网络联结度和网络平稳度也会对创新资源配置效果产生影响，使在科技活动不同主体之间、不同行业之间、不同地区之间、创新的不同过程阶段中分别按照自己的模式实现创新资源的整合，从而形成若干创新资源配置子系统，进而这些子系统整合为一个大系统。

---

① 陈成锴. 福建创新资源优化配置研究 [D]. 厦门：厦门大学硕士学位论文，2008.
② Ludwig von Bertalanffy. General System Theory [M]. New York：George Breziller, 1973：35.

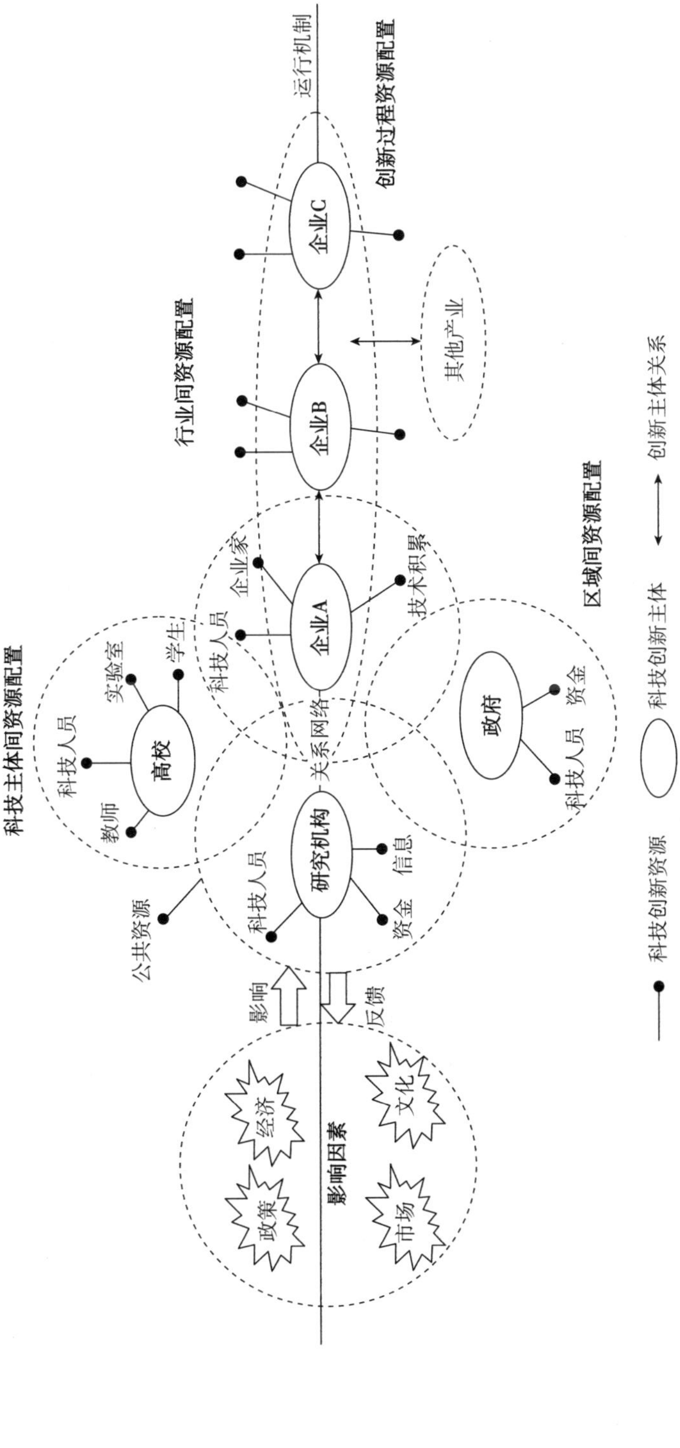

图 2-1 创新资源配置系统模型

第二节 创新资源配置主体分析

一、创新资源配置主体

创新资源配置主体根据不同的划分标准包含不同的内容。在此,我们主要根据主体职能和主体层次两种标准进行划分。

创新资源配置主体按其职能可以划分为科技管理主体、科技活动主体和科技服务主体,它们各自承担不同的角色和职能,相互之间的关系没有层级,各自的功能没有重叠。其中,科技管理主体是创新资源配置的最高层次,包括各级政府职能部门,它们是创新资源配置系统的创造者和维护者;科技活动主体是创新资源配置的基础层次,包括企业、高校和研究机构等,它们是执行科学技术活动的实体;科技服务主体作为连接政府和市场之间关系的中间组织,为科技活动提供社会化的服务、支持和管理,包括科技信息交流、科技咨询、科技孵化、科技评估和科技鉴定等方面的工作。科技管理主体、科技活动主体和科技服务主体三个不同角色的主体,通过科技活动对创新资源进行合理有效的配置,促进全社会科技与经济的融合发展。①

创新资源配置主体按其层次可以划分为:宏观调控主体和微观执行主体。其中,宏观调控主体主要包括各级政府职能部门和科技中介服务机构,这些主体按照市场经济和科技活动自身的规律对创新资源进行分配、治理、调控和评估,最大化

---

① 李琰. 河北省科技资源配置现状评价及整合对策研究 [D]. 秦皇岛:燕山大学硕士学位论文,2010.

创新资源的配置效率。微观执行主体主要包括企业、高校和科研机构等，它们是创新资源的主要配置主体，对创新资源配置的具体运行具有重要的作用。宏观调控主体和微观执行主体相互作用、相互配合，共同构成创新资源配置系统，通过各项配置机制和运行模式，实现创新资源的优化配置和创新资源配置效率的提升。①

综上，创新资源配置主体主要包括各级政府、企业、高校、科研机构和科技服务机构。其中，政府主要是与科技相关的政府职能部门，其职能是对各种创新资源进行宏观调控；企业的创新资源配置活动构成了企业科技创新活动的主体部分，不仅受企业自身条件限制，还受到经济、政治、法律、政策等企业外部环境的影响；高校主要依赖于其所拥有的人才、设备等方面的优势进行科学知识的扩散，其科研经费主要来自政府和市场；科研机构主要依赖政府财政拨款进行各种具有公益性的基础研究工作，为政府出谋划策，满足国家和地区科技发展的需要；科技服务机构面向社会开展创新决策、技术扩散、科技评估、成果转化、管理咨询等服务活动，在有效降低创新风险、加速科技成果转化方面，具有重要的作用。②

二、创新资源配置主体的耦合关系

"耦合"是指两个及两个以上体系或者两种运行模式之间通过各种相互作用而彼此影响，从而形成互动关系的现象。③ 本书用"耦合"一词，描述创新资源配置过程中政府、企业、高校、科研机构和科技服务机构五个异质性组织之间的契合，即互补和兼容的关系。

"政—产—学—研—服"创新资源配置系统是由科技人力资源配置子系

---

① 刘彦华. 基于 DEA – Tobit 分析法的区域创新资源配置效率研究 [D]. 合肥：合肥工业大学硕士学位论文，2013.
② 沈赤，章丹. 政府优化创新资源配置研究——评价指标体系构建及政策建议 [M]. 北京：北京大学出版社，2013：22.
③ 李成龙，刘智跃. 产学研耦合互动对创新绩效影响的实证研究 [J]. 科研管理，2013（3）：23 – 31.

统、科技财力资源配置子系统、科技物力资源配置子系统和科技信息资源配置子系统构成的集合。在各主体协同创新的环境下，为获取内外部创新资源所形成的合作研发关系、相互信任关系和互惠互利关系，需要将参与各主体连接成一个复杂的耦合创新系统。这个系统包含知识的共享与转移、系统成员的流动、创新经济的投入与产出等各种传递回路，形成许多非线性的作用过程。在这个过程中，通过对人力、财力、物力及信息资源等创新要素的合理配置，形成一个具有整体性、层次性、开放性与动态性的复杂系统。①

耦合创新系统（见图2-2）具有内部开放性和外部开放性②。其中，内部开放性是指企业、大学和科研机构之间进行信息交流、互动耦合；外部开放性是指系统之间通过人力、财力、物力和信息资源与外部环境之间进行互动与交换。各创新资源配置主体拥有不同的资源优势，存在着"资源势差"，在创新主体协同创新过程中要求不同类型的创新资源进行互动和协调，进行人力、财力、物力和信息资源的共享与交换。

第三节 创新资源配置规模与结构分析

一、创新资源配置规模

创新资源配置的规模，是指一个国家或地区在一定时期内创新资源配置的

---

① 王延荣，赵文龙. 基于系统动力学的产学研协同创新机制研究［J］. 华北水利水电学院学报（社科版），2013（5）：63-68.
② 张幼华，樊一阳，刘华珍. 产学研合作模式的自组织演进过程分析［J］. 科技创新导报，2009（22）：140-142.

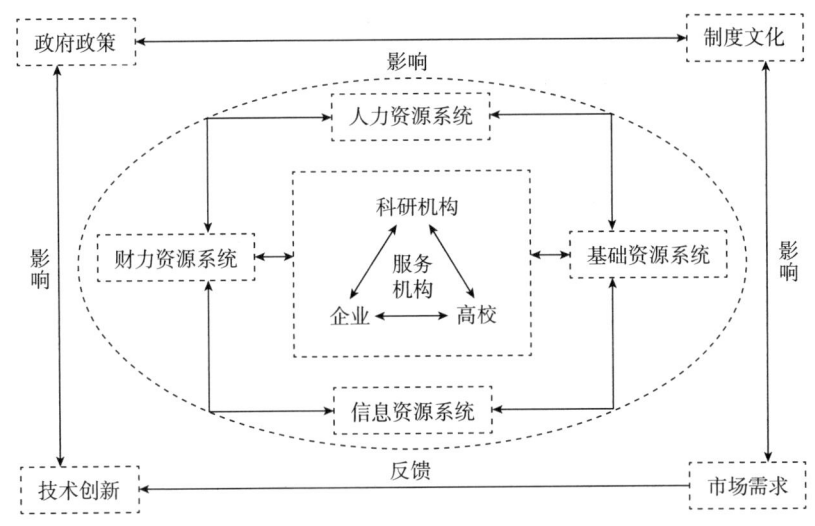

图 2-2 创新资源配置主体耦合创新系统

总量和强度。它由一个国家或地区在一定时期所拥有的科技人力资源、科技财力资源、科技物力资源和科技信息资源的总量构成。创新资源配置的规模在一定程度上决定了一个国家或地区的科技发展水平,一个国家或地区创新资源配置的规模大小往往反映了它们对科技活动投入的重视程度,并在一定程度上决定这一国家或地区的知识创新与技术创新的水平和质量。创新资源配置规模与政府的各种政策、行为有重要联系,政府往往通过制定各种科技政策和计划,在宏观上对创新资源的规模进行调控。创新资源配置达不到一定规模,就无法实现规模效应,在激烈的科技竞争和较量中将会处于被动地位。[1]

二、创新资源配置结构

创新资源配置结构,是指在科技创新过程中各种创新资源在不同方向上的

---

[1] 周伟. 省域创新资源配置效率评价研究 [M]. 合肥:中国科学技术大学出版社,2014:25.

分配格局。主要包括：主体结构、地区结构、行业结构、过程结构和学科结构等。创新资源配置存在多种结构，不同的配置结构其目标和功能各不相同。

（一）主体结构

主体结构是指各种创新资源在不同配置主体之间的分配与布局，即各种创新资源在不同的企业、高校、科研机构和科技服务机构等之间的分配结构。企业是整个科技创新活动的主导者和推动者，是创新成果的有效载体和主要应用者；高等院校是知识创造、人才培养的主体，以增加人类的知识总量为目的；科研机构具有明确的研究方向和研究任务，拥有一定数量和质量的研究人员，拥有先进的研究仪器设备，有组织地开展研发活动的机构。

（二）地区结构

地区结构是指各种创新资源在不同地区的分配与布局，包括各个国家、各个地区和各个省份之间的分配结构等，从地域角度反映创新资源配置状况及特色，由各地区创新资源本身的性质、特点、数量和质量决定。

（三）行业结构

行业结构是指各种创新资源在不同行业之间的分配与布局，表现为创新资源在三大产业之间，三大产业中的具体行业之间以及更进一步细分的行业之间的分配结构。不同产业、不同行业和不同细分行业的资源基础、政策措施、所处环境各不相同，所以其创新资源配置效率存在很大的差异。①

（四）过程结构

过程结构是指创新资源在科技研究不同阶段的分配与布局，即创新资源在基础研究、应用研究和试验发展不同过程之间的分配结构。基础研究是指认识自然现象，揭示自然规律，获取新知识、新原理和新方法的研究活动；应用研究是指为获取新知识而进行的创造性研究，主要是针对具体的领域和特定的问

---

① 王君兰. 山西省创新资源配置效率评价研究 [D]. 太原：太原理工大学硕士学位论文，2013.

题；试验发展是在基础研究、应用研究和实际经验基础上,为了获得新的产品、材料和装置、提高资源利用效率等而建立新的工艺、系统和服务。

(五) 学科结构

学科结构是指各种创新资源在不同学科之间的分配与布局,包括创新资源在文、理、法、管、医和工等学科的分配结构。

创新资源配置结构是创新资源配置的核心问题。如果创新资源配置结构不合理,将会造成创新资源的浪费。只有当创新资源配置结构得当,才能保证科技活动顺利开展,促进科技创新和科技进步。

第四节 创新资源配置影响因素、配置机制与运行模式

一、创新资源配置影响因素

(一) 宏观影响因素

创新资源配置系统所处的政治、经济、市场和文化等环境因素会影响其投入和产出水平,从而影响创新资源配置的效率。

1. 政策因素

为实现创新资源的优化配置,政府会制定经济、科技、人才和技术等方面的政策、法律和法规。如政府的研发补贴、税收优惠政策、区域振兴规划,以

---

① 谢子佳. 我国区域创新资源配置效率综合评估研究 [D]. 北京:北京交通大学硕士学位论文, 2010.

及政府制定的与科学发展相关的法律法规,包括科技进步法、促进科技成果转化法、标准化法、专利法等,这些政策法规对创新资源配置产生了重要的影响。

2. 经济因素

经济发展为创新资源配置提供了各种基础性保证,而创新资源配置的最终目标是促进经济的可持续发展,两者之间相互影响、相互促进。适宜的经济环境能够促进创新资源配置系统与经济发展之间的良性循环发展。因此,可以运用价格、税收、信贷、工资、奖金和汇率等经济手段充分优化创新资源,调动科技活动主体的内在创新潜力,顺利实现创新资源优化配置。①

3. 市场因素

各种创新资源的配置很大程度上依赖于市场因素,包括人才、技术和产品等市场。市场的完善度对创新资源的供求具有重要的影响。市场的开放性决定了创新资源配置的广度、深度和平稳度。市场中的各种竞争行为最终体现在产品和服务中所包含的各种创新资源的竞争上,这要求科技活动主体必须不断地创新产品和服务,依赖各种创新活动不断开拓市场,提高企业的核心竞争力。随着市场环境条件的迅速变化,创新将会具有很强的时效性,如果创新资源配置难以达到最优的程度,往往造成资源的投入不足或者浪费,科技活动主体必须不断加强技术创新活动,促进创新资源的合理优化和利用。

4. 文化因素

各个创新主体对创新资源配置的态度和意识,整个社会的创新文化氛围等都将会影响到创新资源的配置效果。积极开放的创新文化,能够对科技活动主体的创新资源配置行为起到引导作用,从而提升配置效率,而消极封闭的文化

---

① 沈赤,章丹. 政府优化创新资源配置研究——评价指标体系构建及政策建议[M]. 北京:北京大学出版社,2013:47.

氛围会阻碍创新资源的合理有效配置。

(二) 微观影响因素

协同创新网络是企业创新目标导向下所形成的多重的、多层次关系的嵌套组合和动态非均衡，是应对系统性创新的一种制度安排，其能够更好地配置网络内部的创新资源，实现网络知识存量的分工与互补，激发组织间的合作、创新效率和效果。① 创新网络作为应对系统性创新的一种制度性安排，是企业获取资源、实现技术、人力资源积累和可持续竞争优势的重要选择。随着知识经济时代的到来，企业创新的外部环境发生了很大的变化，企业竞争方式由过去的产品竞争转变为以依靠知识为基础的技术竞争，技术成为企业的生命线。由于开发新产品技术的复杂性，技术创新往往需要跨越多个学科领域的知识，企业无论其技术力量如何雄厚，在其所处的市场竞争中都不可能拥有其技术创新所需要的全部知识、资源和技术②，信息、知识的产生和学习的交互作用过程对系统性创新越来越重要，这样就迫使企业不得不持续地向外部环境寻求各种创新资源，通过交流、合作和学习不断地提高企业的技术、人力资本和创新能力，以在激烈的外部市场竞争环境下实现可持续竞争优势。在企业竞争力提升的过程中，会形成自己独特的、专业化的发展路径，而这种独特和专业化代表企业所拥有的核心竞争力和资源禀赋是不可复制的、相对独立和稀缺的。技术资源分布的分散性、资源的相互依赖性等因素，诱发了企业自主创新网络的形成。获取创新网络中的重要资源是企业进入创新网络的重要决定因素。

协同创新网络对企业、区域、国家的经济发展都具有重要的意义。瑞士联邦理工学院的研究发现，由147家跨国公司组成的"超级实体"控制了全球经济中的40%的财富，这些企业之间的复杂关系网络将国家和普通民众边缘

---

① 尹博. 大企业主导型产业创新网络创新绩效研究 [D]. 沈阳: 辽宁大学博士学位论文, 2012.
② Teece D. J.. Profiting from Technological Innovation [J]. Research Policy, 1986, 15 (6): 285 – 305.

化。企业作为自主创新体系中的主体,在高效聚集网络内外创新资源、激发创新活力的同时,也承担着技术传播和扩散中心的功能,能够促进网络成员整体创新能力的提升。因此协同创新网络也是影响创新资源配置效率的重要因素。

协同创新网络对创新资源配置效率的影响机制,主要是通过网络参与度的延伸、网络联结度的拓展和网络平稳度的持续,提高网络的协同性,优化组织之间的网络关系,通过创新资源的有效整合,提高创新资源的配置效率。首先,企业通过协同创新网络从外部获取人力资源和关系资源等科技创新资源,将外部资源与内部资源有效整合。其次,企业通过协同创新网络从外部获取信息和创意,加快企业的创新速度,实现技术突破。最后,企业通过协同创新网络从外部学习知识、技术和商业化途径等,提升自身的学习和创新能力,同时减少技术和市场的不确定性,促进创新绩效的提升。

二、创新资源配置机制

古典经济学关于资源配置效率问题的核心观点是:市场作为资源配置的动力机制,通过利益诱导实现对社会资源的配置,从而有利于资源配置效率的提高[①];新制度经济学中的产权理论为界定和调整创新资源产权提供了理论依据[②],交易成本理论为降低创新资源配置成本、提升创新资源利用率提供了思路,国家理论和意识形态理论为发挥政府在创新资源配置过程中的主导作用、意识形态在创新资源配置过程中的促进作用,奠定了理论基础;马克思指出:"权力永远不能超出社会的经济结构以及由经济结构所制约的社会的文化发展。"[③] 由此指出资源配置的三大主要力量,即市场、制度和文化。创新资源

---

① [英] 亚当·斯密. 国富论:国民财富的性质和起因的研究 [M]. 谢祖钧等译. 长沙:中南大学出版社, 2003.
② [美] 诺斯. 经济史中的结构与变迁 [M]. 陈郁, 罗华平等译. 上海:上海三联书店, 上海人民出版社, 1994.
③ [德] 马克思, 恩格斯. 马克思恩格斯全集(第十九卷) [M]. 北京:人民出版社, 1965:22.

作为稀缺性资源与其他资源一样受这三种力量的配置作用。

(一) 创新资源的市场配置机制

市场由交换规则、价格机制、市场主体法人化、生产要素自由流动等要素构成。市场组成要素之间的相互影响与作用，最终形成了市场对创新资源配置的自发调解作用。价格机制作为市场运作的核心机制，通过价格的调整来引导创新资源的供给与需求，使其趋于均衡，进而促成创新资源市场的正常有序运行。市场的这种自发的调节功能在价格体系的作用下不断发展成熟，发挥着提供信息、经济激励和决定收入分配的三大作用，从而促成其最本质的资源配置功能的形成与完善，最终实现对创新资源的高效配置。

创新资源要素市场在自发形成的过程中，形成了创新资源的自配置机制，自配置机制有利于市场对创新资源配置功能的实现与完善，有利于创新资源配置效率的提高。市场调节下的创新资源自配置体制包括以下四个方面：

第一，在科技人力资源要素市场，通过对人力资源要素采用市场价值机制进行调节，实现人力资源要素从低效率环境流向高效率环境，同时也有利于引导高素质的科技人力资源要素流向能体现自我价值、发挥创造性潜能的环境，创造出更多更高的价值；而对于素质较低、不适于其所从事的科技活动的人员进行分流。从而这种市场配置有利于形成科技人力资源要素配置的良性循环机制，有利于激励科技人员不断进行学习、促使其整体素质提高，以促进科技人力资源要素配置效率的提高。

第二，科技财力资源要素市场，为创新资源配置主体提供了充裕的资金供给平台。首先，有利于消除创新资源配置市场中资金供给主体的单一化，实现资金供给主体的多元化，从而降低配置主体对供给主体的高依赖性和投入主体收入的高风险性。其次，市场的价格机制有利于引导资金流向产出效益高的执行主体，带来较高的资金收益，从而这种资金的市场配置有利于资金配置效率的提高。最后，由于科技活动本身的不确定性，其自身具有高风险性，因而一个成熟的风险投资市场的存在对科技财力资源的供给具有重要作用。

第三，科技物力资源要素市场，为科研仪器、设备等科技物力资源要素提供了交易的场所和环境。通过科技物力资源要素的市场配置，提高了科技物力资源要素的流动性与共享性，从而有效地减少了科技物力资源要素的重复购置等浪费现象，有利于科技活动经费的节约、资源配置效率的提高。

第四，科技信息资源要素市场，为科技成果的供需双方提供了公平和公开的交易平台，通过价格机制对双方的各种行为进行调节，在自发协调过程中还能对供给和需求双方的各种失衡状态进行调节，使科技对经济发展具有正向促进作用。

（二）创新资源的制度配置机制

科技活动具有一定的公共属性、正的外部性、非排他性、信息不对称性等特征，从而导致市场在进行创新资源配置过程中存在失灵现象。制度是指要求大家共同遵守的办事规程或者行动准则，其具有减少不确定性和建立秩序的作用，有助于创新资源配置活动的有序进行。从而制度供给就成为弥补市场失灵、提高资源配置效率的有效方式。

创新资源配置中的制度机制是弥补市场失灵、提高资源配置效率的有效方式。主要包括以下三个方面：

第一，宏观调控制度，是人力、财力和物力等资源有效配置的基础。我国目前的创新资源要素市场处于初步建立的阶段，科技要素市场供求还很难达到平衡的状态，某些领域供大于求，某些领域求大于供，政府的宏观调控能够使创新资源在各个领域间流动，从而提高创新资源的配置效率。

第二，产权制度，包括财产权、占有权、支配权、使用权、收益权和处置权。产权具有经济实体性、可分离性和独立性。产权明晰是市场资源配置的前提基础，产权清楚才能减少市场交易过程中各种权责不清的问题，创新资源才能有效地在各创新主体、各生产部门之间顺畅地流动。

第三,法律制度,不仅可以有效地对创新资源进行配置,而且能够保证市场配置和政府配置有效地起到促进创新资源配置效率提高的作用。

(三) 创新资源的文化配置机制

创新资源配置系统的文化配置机制的形成源于个人行为的累积,是一种自发的社会秩序。它能够为科技活动主体提供一种固有的行为方式和准则,从而促成文化的生成与演进,形成哈耶克所谓的"自发社会秩序",对科技人员的行为起着潜移默化的引导性作用。同时,其本身就作为一种事态、一种情形,像一种社会规则那样对行为主体的行为有一种自我强制性的规约。另外,通过强化人们的心理预期,减少了由于信息不对称带来的效率损失。

综上所述,市场在创新资源配置过程中形成了对创新资源配置的自组织机制,但由于科技活动的外部性特征导致市场配置失灵的现象时有发生,所以市场的自组织机制只有在有效的制度和文化的引导和规范下才能不断发展、逐渐完善。市场配置、制度配置和文化配置三者的协同作用,有助于实现创新资源的优化配置、促进创新资源配置效率的提高,从而有利于科技创新水平的持续提升。

三、创新资源配置模式

创新资源的配置模式是指各种创新资源(即科技人力资源、财力资源、物力资源和信息资源)由分配到使用的运行模式,分为计划配置模式、市场配置模式和混合配置模式三种类型。

(一) 计划配置模式

该模式是指宏观调控部门基于经济、社会和科技发展的需要,综合考虑各地区、各行业、各部门和各学科的实际情况,通过制定指令性的创新资源配置计划,对资源进行全局性规划和统筹分配的模式。① 在计划配置模式下,全社会的创新资源通过计划形式发挥作用,例如"863 计划""973 计划"等。计划配置模式是以政府为主导,为推动国家科技发展和资源合理布局而实行的调控手段,对于促进我国科技发展起到了很好的宏观调控作用。但是,也由于管理制度存在缺陷,使创新资源计划配置模式在调动科研主体积极性、提高科研效率方面的能力不足。因此,在以政府为主导的创新资源配置模式中,必须发挥市场的决定性配置作用。

(二) 市场配置模式

该模式是指创新资源在市场规律作用下,在各地区、各行业、各部门和各学科之间的组合与应用模式。在市场配置模式下,各个科技活动主体会按照自身利益最大化的原则,对人、财、物等创新资源进行合理有效的配置。大多数科技活动主体,尤其是企业、高校和科研机构进行科技实践活动主要采用市场配置模式。市场配置模式的最大优点在于,不受人的主观意志影响,各个科技活动主体只要依靠市场的自发调节,遵守一定的市场规范,就可以使自身创新资源配置处于最佳状态。

(三) 混合配置模式

该模式是指政府计划与市场需求相结合、能够合理搭配计划配置和市场配置两种模式、弥补各自不足的一种创新资源优化配置模式。完善的经济体制,应该是市场配置模式和计划配置模式的有机结合。在微观方面,采用市场配置模式,由经济规律指导资源配置,充分调动起各个科研主体的积极性,提高创新资源配置的效率。在宏观方面,采用计划配置模式,从战略性视角对全社会的创新资源进行合理分配,使不同地区、不同行业、不同部门和不同学科的科技均衡发展,有效弥补市场配置模式的不足。例如火炬计划,即是以市场为导

---

① 李龙一. 创新资源配置的模式研究 [J]. 科研管理, 2003 (12): 16-19.

向的国家指导性科技计划,其资金投入主要以银行贷款和企业自筹为主;又如国家自然科学基金计划,也是采用了市场招标、竞争获取的方式来实现对国家科技财力资源的优化配置。

第三章 创新资源配置效率评价指标体系及测度模型构建

创新资源配置效率指标具有评价创新资源配置效率、反映创新资源管理状态、监测创新资源管理过程以及预测创新资源发展趋势的功能。构建创新资源配置效率评价指标体系是进行创新资源配置效率实证研究的前提和基础。评价指标体系的设计、测度方法的选取、测度模型的构建等均影响创新资源配置效率实证结果的科学性和正确性。因此,合理地设计创新资源配置效率评价指标体系、科学地选取和构建创新资源配置效率测度方法和测度模型,对提高创新资源配置效率评价的合理性和科学性具有十分重要的意义。

第一节 创新资源配置效率及评价内容

一、创新资源配置效率

效率包含两层含义:一是效能或效力,二是投入产出之比或成本收益之比。现有的关于创新资源配置效率的研究,大多是从创新资源投入产出效率的角度进行研究,而没有强调"配置"二字。本书认为,创新资源配置效率是指创新资源在不同主体、不同地区、不同行业、不同部门和不同创新阶段，合理有效地分配和利用创新资源所形成的实际配置效果与理想最优配置效果的比值。它是检验创新资源布局是否与国家战略目标相符、配置领域是否公平、配置规模是否适当、配置结构是否合理、配置方式是否优化的依据。①

二、创新资源配置效率评价内容

创新资源配置效率评价内容主要包括三个方面：总体效率、技术效率和规模效率。总体效率是指科技人力资源、科技财力资源、科技物力资源和科技信息资源等创新资源元素的投入力度，对创新资源配置结构有效程度，将创新资源分配到特定对象和不同方向上所产生的直接效益和间接效益的总和；技术效率是指在一定的创新资源投入前提下科技产出是否实现最大化，或者在科技产出一定的前提下创新资源投入是否实现最小化的问题，即运用何种配置模式使既定的创新资源投入实现创新资源的产出最大化；规模效率是指在当前创新资源投入量的基础上再增加一定的数量，创新资源产出量是否有更高比例的增加，如果在当前创新资源投入量的基础上增加一定数量的创新资源投入，创新资源产出量有更高比例的增加，则为规模效益递增，否则为规模效益递减。其中，总体效率反映的是创新资源配置强度、配置结构及配置效果的总体情况，技术效率反映的是配置效果是否最大化的问题，规模效率反映的是配置强度是否最合理的问题。

另外，本书除了对创新资源的上述三种配置效率进行测度之外，还对影响创新资源配置效率的影响因素进行分析。这两个方面相结合的研究才能完整地、全面地反映创新资源配置的真实状况及其影响因素之间的关系。

---

① 孙绪华．我国创新资源配置的实证分析与效率评价［D］．武汉：华中农业大学博士学位论文，2011．

第二节 创新资源配置效率多维复合评价指标体系

一、评价指标体系构建的原则

创新资源配置效率和影响因素评价指标体系的构建涉及经济学、资源学、管理学、协同学和统计学等诸多学科和研究领域，构建一套能反映多个方面的、科学合理的评价指标体系具有一定的难度，也具有一定的探索性，是一项复杂的任务。目前，创新资源配置相关研究经验不是很丰富，虽然一些学者也尝试提出了一些评价指标和评价指标体系，但真正得到公认或者较好应用的还不是很多。创新资源配置所涉及的内容非常庞杂，涉及各个配置主体、各种创新资源以及所处的复杂内外部环境。评价指标体系的构建不可能是上述内容的简单罗列和随意组合。所以，建立一套切实可行的创新资源配置效率及影响因素评价指标体系，必须要首先明确评价指标体系设计的原则。对已有相关评价指标体系构建原则进行归纳和梳理的基础上，本书提出创新资源配置效率及影响因素评价指标体系的构建应遵循如下原则：

（一）科学性与实用性相结合的原则

创新资源配置评价指标体系必须能够深刻体现创新资源配置的内涵和实质，在基本概念和逻辑结构上严谨、合理，要抓住最重要的、最本质的和最具代表性的东西，并且指标的计算和评价标准必须科学，具有一定的理论和现实依据；同时创新资源优化配置是指导现阶段和未来科技全面可持续发展的重要战略，构建的评价指标体系不仅为政府部门决策服务，还应面向企业、高校和科研机构等，能够直观反映与它们的科技创新活动息息相关的内容。

第三章　创新资源配置效率评价指标体系及测度模型构建

（二）继承性与创新性相结合的原则

现有的相关统计体系具有一定的参考价值，以现行的评价指标体系为基础，选择能够反映创新资源配置效率及影响因素的部分既有指标，有利于确保数据的可获得性，并保证方向的正确性。同时，现有评价指标体系有其局限性，不能完全或准确反映创新资源配置的特点，因此，需要根据创新资源配置的内涵，结合现阶段创新资源配置过程中存在的深层次矛盾，以及创新资源配置的本质特征、时代特点和未来取向等，提出现有评价指标体系以外具有针对性的创新性指标。

（三）系统性与层次性相结合的原则

创新资源配置是一个涉及创新资源配置主体、配置过程、配置区域等全方位的复合系统，整个系统可以分为主体系统、资源系统、微观网络系统和宏观环境系统等若干子系统，各系统之间既相互联系又相互独立；同时，每个系统内分为若干个层次，必须保证层次清晰、结构分明，在较高层次上选择一些概括性指标，在低级层次上选择具体、细化的指标。

（四）全面性与简明性相结合的原则

创新资源配置效率的评价指标体系必须能够全面地反映各方面的内容，不仅涉及科技人力资源，也关系到科技财力资源、科技物力资源和科技信息资源等各个方面，不仅受到宏观因素影响，也受到微观合作创新网络的协同性影响，指标设计要全方位、多视角；同时，虽然指标越多越细越全面，就越能反映客观现实，但过细会导致指标的重叠和相关，所以评价指标体系的设计要尽量简单明了。

（五）可测性与可比性相结合的原则

评价指标体系的设计满足可操作、可测的原则，尽可能采取国际上公认的标准。同时，建立的评价指标体系从指标含义、统计口径、时空范围、计算方法以及综合评价等各方面都要遵循比较科学的原则，既能进行横向比较，又能进行纵向研究,能够在不同地区、不同行业和不同过程中进行比较,采用相对数、比例数、指数和平均数等可比性指标。

(六)静态性与动态性相结合的原则

在一定时期内,评价指标体系的内容不宜频繁变动,应保持其相对的稳定性,以便于比较和分析创新资源配置状况并预测其未来趋势。同时,创新资源配置过程又是一个分阶段持续推进的过程,因此评价指标体系和目标值应充分考虑系统动态变化的特点,根据现实条件的改变和科技发展的要求,对评价指标体系和目标值进行动态调整,不断进行修正和完善。①

二、创新资源配置效率评价指标体系的构建

基于前文对创新资源配置和配置效率内涵的界定,我们从科技投入和科技产出两个方面构建创新资源配置效率评价指标体系。科技投入指标主要包括科技人力资源指标、科技财力资源指标、科技物力资源指标、科技信息资源指标。科技产出指标主要包括知识产出指标和经济产出指标。

(一)科技投入指标

1. 科技人力资源指标

选取研发人员数量和研发人员研发能力作为衡量科技人力资源指标。两项指标分别从数量和质量两个方面反映科技人力资源情况,因为对于创新主体来讲,不仅需要拥有数量充足的研发人员,更关键的是其拥有的研发人员具有较高的研发能力。将此两项指标分别记为 Reshum1 和 Reshum2。

2. 科技财力资源指标

选取研发经费支出总额、研发经费充裕程度作为衡量科技财力资源指标。这两项指标分别从数量和质量两个方面反映科技财力资源情况,其中,研发经

---

① 白雪飞. 我国经济发展方式转变阶段测度研究[D]. 沈阳:辽宁大学博士学位论文,2011.

费支出总额反映科技财力资源投入的规模，研发经费充裕程度反映科技财力资源投入的潜力。上述两项指标分别标记为 Resfin1 和 Resfin2。

3. 科技物力资源指标

选取研发设备投入额和市级以上实验室或研发中心两项指标作为衡量科技物力资源指标。其中，研发设备投入额反映研发基本建设投资使用情况，市级以上实验室或研发中心反映研发设施建设情况。上述两项指标分别标记为 Resmat1 和 Resmat2。

4. 科技信息资源指标

选取拥有该行业的核心技术和拥有独特的生产工艺或技术两项指标作为衡量科技信息资源指标。信息属于知识形态的创新资源，包含了有关科研活动的一切知识、情报和技术。拥有核心技术和独特的生产工艺或技术是对知识基础、科技质量的测度，反映了科技活动者对知识情报的掌握程度，代表了一个国家或地区的技术发明的能力和水平，是进行技术预测的重要依据。上述两项指标分别标记为 Resinf1 和 Resinf2。

（二）科技产出指标

高技术产业科技活动的产出包括知识产出和经济产出两个方面。

1. 知识产出指标

知识产出方面我们主要选取申请专利数和拥有发明专利数两项指标。专利是研发活动形成的知识形态的产物，是直接的科学输出形式，是科技活动的重要产出，是检验科技活动效果的重要依据。上述两项指标分别标记为 Outkno1 和 Outkno2。

2. 经济产出指标

经济产出方面我们主要选取新产品产值和新产品销售额两项指标。新产品是重要的科技产出，新产品产值和销售额一方面代表了企业的研发产出能力、满足科技需求的能力和技术的市场化能力，另一方面则体现出科技与经济相结合的程度、国家或区域的科技竞争力,因而是测度科技产出的重要指标。上述两项指标分别标记为 Outeco1 和 Outeco2。

创新资源配置效率评价指标体系如表 3-1 所示。

表 3-1 创新资源配置效率评价指标体系

变量类别	变量维度	具体指标	指标符号	单位
创新资源指标	科技人力资源	研发人员数量	Reshum1	人
		研发人员研发能力	Reshum2	—
	科技财力资源	研发经费支出总额	Resfin1	万元
		研发经费充裕程度	Resfin2	—
	科技物力资源	研发设备投入额	Resmat1	%
		市级以上实验室或研发中心	Resmat2	%
	科技信息资源	拥有该行业的核心技术	Resinf1	项
		拥有独特的生产工艺或技术	Resinf2	项
科技产出指标	知识产出	专利申请数	Outkno1	件
		拥有发明专利数	Outkno2	件
	经济产出	新产品产值	Outeco1	万元
		新产品销售额	Outeco2	万元

三、创新资源配置影响因素评价指标体系的构建

(一) 宏观影响因素评价指标体系

创新资源配置效率受政策因素、经济因素、市场因素和文化因素的影响。基于此,我们提出以下几点假设:

首先,Nelson(1959)和 Anow(1962)指出,单纯依靠市场机制对研发资源进行配置,会使实际的科技经费支出少于社会所需的最优水平。因此,政

府对科技活动的资金支持就成为弥补"市场失灵"的有效手段。① 同时,也有学者认为政府对科技活动的直接补贴政策等反而会导致企业研发能力不足。② 目前,我国正处于经济转型的特殊时期,决定了在创新资源配置过程中政府的重要作用。所以,我们认为政府的科技活动推进政策对创新资源配置效率提高具有推进作用。政府的科技活动推进政策包括财政拨款、重点实验室建设、高技术产业开发区建设、产业化政策等,政府部门的政策支持力度和各主体与政府部门的关联程度都会促进创新资源的优化配置。

其次,经济发展水平越高,越可以为科技活动提供足够多的资金支持。目前,我国正处于科技财力资源边际产出弹性高于科技人力资源边际产出弹性阶段,从而科技财力资源投入的加强有助于促进科技产出的增加。③ 同时,经济的高速发展往往需要以科技创新作为引擎,从而对科技活动提出更高的要求,必然使科技活动越加活跃,科技产出也越加增多,对创新资源配置效率提高产生促进作用。经济发展水平包括人均生产总值、产业结构升级、国有化程度等。在微观方面体现为企业的产品其价值和使用价值如何,企业的经济前景如何等方面。

再次,市场的完善度对创新资源的供求具有重要的影响。市场的开放性决定了创新资源配置的广度、深度和平稳度,市场开放程度越高,越有利于吸引人才和资金,有利于吸引先进的研究成果和管理经验等,促进创新资源配置效率的提高。科技活动主体必须不断地创新产品和服务,依赖各种创新活动不断开拓市场,提高企业的核心竞争力。市场的完善度包括市场的稳定程度、金融机构的支持力度和风险投资机构的满足程度等方面。

---

① 江静. 中国省际 R&D 强度差异的决定与比较 [J]. 南京大学学报, 2006 (3): 13-25.
② S. Lach. Do R&D Subsidies Stimulate or Displace Private R&D? Evidence from Israel [J]. Journal of Industrial Econimics, 2002, 50 (4): 369-390.
③ 刘玲利. 我国创新资源配置行为实在分析:投入产出视角 [J]. 工业技术经济, 2008 (12): 59-62.

最后，社会文化氛围对科技发展的影响是很重要的，甚至是决定性的因素。保持创新热情、完善创新机制、鼓励创新实践、宽容创新挫折、增强创新能力、建设创新型国家，是党中央在新形势下做出的具有深远意义的重大决策。进行广泛的知识传播，有利于知识积累，营造更有利于交流和创新的氛围，更好地促进知识的传播和流动，从而提高创新资源的配置效率。同时，人们科技意识的提高，有利于增加人们对创新资源的重视和对科技成果的保护意识，对创新资源稀缺性有更加深刻的认识，从而有利于实现创新资源的集约化配置，促进科技成果的创造性产出。社会文化氛围包括教育水平和科技意识等方面。

综上，宏观影响因素的测度主要是从政策因素、经济因素、市场因素和文化因素等方面进行，积极的宏观政策因素对于促进创新资源知识产出和经济产出，优化创新资源配置具有重要的推动作用。基于此，提出以下八个假设：

$H1_{11}$：政府的科技活动对知识产出具有正向作用。

$H1_{12}$：政府的科技活动对经济产出具有正向作用。

$H1_{21}$：经济发展水平对知识产出具有正向作用。

$H1_{22}$：经济发展水平对经济产出具有正向作用。

$H1_{31}$：市场的完善度对知识产出具有正向作用。

$H1_{32}$：市场的完善度对经济产出具有正向作用。

$H1_{41}$：社会创新文化氛围对知识产出具有正向作用。

$H1_{42}$：社会创新文化氛围对经济产出具有正向作用。

创新资源配置效率宏观影响因素评价指标体系如表3-2所示。

第三章 创新资源配置效率评价指标体系及测度模型构建

表 3-2 创新资源配置效率宏观影响因素评价指标体系

变量类别	变量维度	具体指标	指标符号
宏观影响因素	政策因素	政府部门的支持力度	Macpol1
		与政府部门的联系程度	Macpol2
	政策因素	产品的价值和使用价值	Maceco1
		企业的经济前景	Maceco2
	政策因素	所处市场的稳定程度	Macmar1
		金融机构的支持力度	Macmar2
		风险投资机构的满足程度	Macmar3
	政策因素	企业员工的创新精神	Maccul1
		企业顾客的创新意识	Maccul2

（二）微观影响因素评价指标体系

在政产学研服等进行的合作项目中，其创新资源的配置效率除了受上述宏观因素的影响之外，还受到各主体之间形成的创新网络的协同性影响。创新网络的协同性主要表现为网络的参与度、网络的联结度和网络的平稳度。

第一，网络参与度的测度，取决于各主体在技术创新过程中是否有合作关系。将创新过程中的创新主体归纳为以下八种类型：政府、企业、供应商、用户、竞争者、高校、科研机构和中介服务组织。如果其中某个主体与其余七个主体中的某一个主体有合作关系，值记为1，否则记为0，即设

$$s_i = \begin{cases} 1 & \text{在创新过程中与第}i\text{个主体有合作关系} \\ 0 & \text{在创新过程中与第}i\text{个主体无合作关系} \end{cases} (i=1, 2, \cdots, 6)$$

例如，企业在技术创新过程中，如果与供应商有合作关系，则记 $s_1 = 1$，否则记 $s_1 = 0$，其他各种创新主体按相同的方法计分。将所有得分相加得到网络参与度的得分，即网络参与度 $s = \sum_{i=1}^{6} s_i$。

第二，网络联结度的测度，取决于各创新主体在技术创新过程中对其余主体的利用程度。如果某个主体对其余七种主体中的某一个主体利用程度较高

时,值记为1,否则记为0,即设

$$d_i = \begin{cases} 1 & \text{在创新过程中对第 } i \text{ 个创新主体的利用程度较高} \\ 0 & \text{在创新过程中对第 } i \text{ 个创新主体的利用程度较低} \end{cases} \quad (i=1, 2, \cdots, 6)$$

例如,企业在技术创新过程中,如果对供应商的利用程度较高,则记 $d_1 = 1$,否则记 $d_1 = 0$,其他各种创新主体按相同的方法计分。将所有得分相加得到网络联结度的得分,即网络联结度 $d = \sum_{i=1}^{6} d_i$。

第三,网络平稳度的测度,取决于各个创新主体在技术创新过程中与其余创新主体展开合作的持续程度。如果某一个主体与其余七个主体中的某一个主体持续合作的时间较长(或者合作频率较高)时,值记为1,否则记为0,即设

$$f_i = \begin{cases} 1 & \text{在创新过程中与第 } i \text{ 个创新主体合作的持续时间较长} \\ 0 & \text{在创新过程中与第 } i \text{ 个创新主体合作的持续时间较短} \end{cases} \quad (i=1, 2, \cdots, 6)$$

例如,企业在技术创新过程中,如果与供应商合作的持续时间较长,则记 $f_1 = 1$,否则记 $f_1 = 0$,其他各种创新主体按相同的方法计分。将所有得分相加得到网络平稳度的得分,即网络平稳度 $f = \sum_{i=1}^{6} f_i$。

综上,网络协同性的测度主要是从网络参与度、网络联结度与网络平稳度三个方面进行,网络参与度越广、网络联结度越深、网络平稳度越稳定,网络协同能力越好,进而创新资源配置效率越高。基于此,提出以下六个假设:

$H2_{11}$:合作创新的网络参与度对知识产出具有正向作用。

$H2_{12}$:合作创新的网络参与度对经济产出具有正向作用。

$H2_{21}$:合作创新的网络联结度对知识产出具有正向作用。

$H2_{22}$:合作创新的网络联结度对经济产出具有正向作用。

$H2_{31}$:合作创新的网络平稳度对知识产出具有正向作用。

$H2_{32}$：合作创新的网络平稳度对经济产出具有正向作用。

创新资源配置效率微观影响因素评价指标体系如表3-3所示。

表3-3 创新资源配置效率微观影响因素评价指标体系

变量类别	变量维度	具体指标	指标符号
网络协同性	网络参与度	合作伙伴类型	Netpar1
		合作伙伴数量	Netpar2
	网络联结度	与合作伙伴的合作方式	Netcou1
		与合作伙伴的关联强度	Netcou2
	网络平稳度	合作频繁度	Netste1
		合作持久度	Netste2

第三节 创新资源配置效率测度方法与测度模型

一、创新资源配置效率测度方法比较分析

关于创新资源配置效率测度方法和测度模型，国内外学者从不同角度进行探索并提出了各自的观点。本书在大量阅读相关文献的基础上，把这些方法和模型大致归纳为以下几类：

（一）比较分析法

比较分析法是一种定性分析方法。它以创新资源配置规模、配置强度、配置结构以及运行模式作为指标，从横向比较和纵向比较两个角度进行对比分析。其中，横向比较主要是以其他国家或以国内其他地区作为参照系进行比

较;纵向比较主要是以不同时期的历史数据进行比较。其最大优点是运用起来比较简单灵活,不足之处是选定的参照系或标志物不一定科学,因为不同地区和不同时期的发展规律不尽相同,都具有自己独有的特点。但是这一方法仍然是研究者使用较多的方法之一,是进一步展开深入研究的前提和基础。

(二) 结构分析法

结构分析法是从创新资源要素的内部构成出发,分析资源配置优化问题。其基本思路主要是通过构建最优化数学模型、相关关系矩阵图或者回归模型等,分析最优创新资源要素的比例关系,以此作为标杆分析显示研究对象的创新资源要素配置的合理性。结构性要素分析的范围相对广泛,既可以是创新资源的阶段配置比例,也可以是创新资源的使用配置比例,还可以是创新资源的产业配置比例等。

例如梅静娟和李石柱 (2002) 以总产出效益最大化为目标,构建创新资源配置阶段结构优化理论数学模型①如下:

$$Q = \max(\omega_1 Y_t + \omega_2 P'_t + \omega_3 P''_t + \omega_4 P'''_t)$$

$$Y_t = A_0 e^{\mu t} (v \sum P'''_{t-1})^y F(L_t, K_t)$$

$$P'_t = G(H'_t, K'_t, \sum P'_{t-1}, U \sum P''_{t-a}, V \sum P'''_{t-b})$$

$$P''_t = G(H''_t, K''_t, \sum P'_{t-l}, \sum P''_{t-1}, W \sum P'''_{t-c})$$

$$P'''_t = G(H'''_t, K'''_t, \sum P'_{t-m}, \sum P''_{t-n}, W \sum P'''_{t-1})$$

$$v = g(H_{kt}, K_{kt})$$

$$H'_t + H''_t + H'''_t + H_{kt} \leq H_{总}$$

$$K'_t + K''_t + K'''_t + K_{kt} \leq K_{总}$$

---

① 梅静娟,李石柱. 创新资源配置阶段结构优化理论数学模型 [J]. 北京机械工业学院学报,2002 (6):61-63.

其中，$H_总$ 是该地区所拥有的科技活动人员总数，$K_总$ 是该地区当期投入的科研经费总和，ω_1、ω_2、ω_3、ω_4 是当地科技经济效益发展的权重系数，可根据地区的技术进步对经济增长的贡献率、技术水平等指标来确定。

P'_t、P''_t、P'''_t 分别表示第 t 期基础研究、应用研究与试验发展的成果产出量。

H'_t、H''_t、H'''_t 分别表示第 t 期基础研究、应用研究与实验发展的科技人员的投入。

K'_t、K''_t、K'''_t 分别表示第 t 期基础研究、应用研究与实验发展的科技经费的投入。

P'_{t-1}、P''_{t-1}、P'''_{t-1} 分别表示第 $1 \sim (t-1)$ 期基础研究、应用研究与实验发展的成果资源存量。

Y_t 是第 t 期的产出量，L_t、K_t 分别是指第 t 期的劳动投入与资本投入，表示成果转化阶段的科技人力与科技财力投入。

参数 l, m, n, a, b, c 表示滞后期，U、V、W 表示影响系数，$0 < U, V, W < 1$。

结构分析法是在比较分析的基础上对研究对象资源配置效率进行更深层次的研究，但仍偏重于定性分析，定量研究相对较少。其不足之处是创新资源内部最优配置结构很难确定，尤其是一些数据不够详细的研究对象，其创新资源的最优配置结构更难以把握。①。

（三）能力分析法

能力分析法的思路很简洁，就是通过构建一个能力指标来直接分析研究对象的创新资源配置效率。该方法能够从量化的角度反映创新资源配置能力的现

---

① 肖泽磊. 高技术产业创新资源配置和政策效果评估 [D]. 南京：南京航空航天大学博士学位论文，2010.

状,同时也能够揭示创新资源配置过程中存在的问题。例如,徐建国(2002)运用线性加权的方法,构建创新资源配置能力指数为:

$$I_A = \frac{1}{m}\sum_{j=1}^{m}\sum_{i=1}^{n}\omega_{ij}x_{ij}$$

其中,ω_{ij}和x_{ij}分别代表某地区各基础指标的权重和标准化值,i和j分别代表基础指标和其上一级指标的某一类别(对应资源配置规模、强度、结构、效果)。

其中,指标值的标准化有多种方法,较常用的有如下公式:

如果X_{ij}为正向指标,则

$$x_{ij} = \frac{X_{ij} - X_{ij}(\min)}{X_{ij}(\max) - X_{ij}(\min)}$$

如果X_{ij}为逆向指标,则

$$x_{ij} = \frac{X_{ij}(\max) - X_{ij}}{X_{ij}(\max) - X_{ij}(\min)}$$

其中,$X_{ij}(\max)$和$X_{ij}(\min)$分别为X_{ij}的最大值和最小值。

该方法表述清楚,简单易于操作,其不足之处是指标选取的片面性及信息的失真导致结果的信度和效度较低。②

(四)边际分析法

边际分析法是经济学中最基本的分析方法之一,就是运用导数和微分方法研究经济运行中微增量的变化,用以分析各种经济变量之间的相关关系及变化过程,可用于配置效率的检验。该方法思路清晰,即为创新资源投入限制条件下,科技产出最大化的条件极值问题。

设n个知识生产者的总产出为:

---

① 徐建国. 我国区域创新资源配置能力分析[J]. 中国软科学,2002(9):98-100.
② 肖泽磊. 高技术产业创新资源配置和政策效果评估[D]. 南京:南京航空航天大学博士学位论文,2010.

$$P = \sum_{i=1}^{n} f(x_i)$$

其中，x_i 为投入综合指数，是研究对象科技人力资源、科技财力资源、科技物力资源和科技信息资源等投入的加权数。为简化计算，一般情况下，假设全体研究对象的科技总投入指数之和为1，数学模型如下：

$$\begin{cases} \max \sum_{i=1}^{n} f(x_i) \\ \text{s.t.} \sum_{i=1}^{n} x_i = 1 (x_i \geqslant 0) \end{cases}$$

上述模型成立的均衡条件为：

$$\frac{\partial f(x_1)}{\partial x_1} = \frac{\partial f(x_2)}{\partial x_2} = \cdots = \frac{\partial f(x_n)}{\partial x_n} = \lambda$$

即 $MP_{x_1} = MP_{x_2} = \cdots = MP_{x_n} = \lambda$。

在每个知识生产者的产品无差别的条件下，只有当他们的边际产出满足相等，所有知识生产者的总产出才能实现最大化。此时每个知识生产者的单位投入都具有相同的产出。该方法的不足之处在于对于一些无法量化的创新资源投入和产出指标很难处理，如隐性知识、非正式专利等，所以该方法更多地偏重于微观层面的运用。[1]

（五）数理统计法

数理统计法是基于创新资源投入产出比的大小来评价研究对象的创新资源配置效率的一种方法。借助统计学中的主成分分析、因子分析、聚类分析等方法，提高分析方法的科学性。以李石柱等（2003）、魏守华和吴贵生（2005）的研究为例，其基本思路和模型如下：

$$E_i = \frac{C_i}{T_i}$$

---

[1] 肖泽磊. 高技术产业创新资源配置和政策效果评估 [D]. 南京：南京航空航天大学博士学位论文，2010.

其中，$C_i = \sum_m \omega_m c_{im}$，为 i 地区科技产出综合指标，其中，ω_m 为产出类各项指标的权重；$T_i = \sum_n \delta_n t_{in}$，为 i 地区科技投入综合指标，其中，δ_n 为投入类各项指标的权重。

权重的确定通常采用主成分分析法。主成分分析法是通过研究评价指标体系的内在结构关系，将多个指标综合为少数指标的多元统计分析方法。用该方法确定权重的优点在于它所确定的权重是基于数据分析得到的指标之间的内在结构关系，不受主观因素的影响，有较好的客观性，而且得出的综合指标之间互相独立，减少了信息的交叉重叠和指标失真产生的问题。该方法为研究者提供了一条相对科学地确定权重的途径，但当提取的主成分的累计贡献率相对较小的时候，其对样本信息的代表性就值得商榷，此时选择此方法来确定权重并不理想。另外，在确定综合投入指标的时候缺少系统性，忽略了科技投入资源是一个有机系统，即忽视了创新资源投入的结构性问题，虽然有学者提出用柯布－道格拉斯生产函数来解决这个问题，但其指数值如何科学地确定仍然是一个亟待解决的问题。①

（六）参数分析法

参数分析法又称经济计量法，其核心是构建一个前沿生产函数，认为在确定的生产条件下，生产要素投入与最大的可能产出之间的数量关系反映的就是前沿生产函数，并通过该函数确定的前沿面对生产单元的技术效率进行测算。主要有随机前沿法（SFA）、自由分布法（DFA）和厚前沿方法（TFA）三种方法，其中最为常用的是随机前沿分析法。随机前沿分析法通过估计生产函数来设定前沿面，不仅可以测算决策单元的技术效率，还可以考察各种冲击扰动等非效率因素（如环境因素）对潜在产出的影响。根据 Battse 和 Coelli

---

① 肖泽磊. 高技术产业创新资源配置和政策效果评估 [D]. 南京：南京航空航天大学博士学位论文，2010.

(1992) 的定义，面板数据随机前沿模型的一般形式为：

$$y_{it} = f(x_{it}, t) e^{v_{it} - u_{it}}$$

其中，y_{it} 表示地区 i（$i = 1, 2, \cdots, N$）在时期 t（$t = 1, 2, \cdots, T$）的实际产出；$f(\cdot)$ 表示生产可能性边界上的确定前沿产出，即具有完全效率时的最大产出；x_{it} 表示一组投入向量；误差项（$v_{it} - u_{it}$）为复合结构，其中 v_{it} 服从正态分布 $N(0, \sigma_v^2)$，表示随机扰动项的影响，u_{it} 服从正态截断分布（u，σ_u^2），为技术非效率项，表示对个体冲击的影响，v_{it} 与 u_{it} 相互独立。

技术效率水平 $TE_{it} = e^{-u_{it}}$，表示由于生产无效率造成的实际产出与最大产出之间的距离，TE_{it} 介于 0 与 1 之间，$TE_{it} = 1$ 表示落在生产可能性边界上，即技术有效，否则技术无效。

为进一步解释个体之间的技术效率差异，Battse 和 Coelli (1995) 在上述模型基础上引入了技术非效率函数：

$$u_{it} = \delta_0 + \delta z_{it} + \omega_{it}$$

其中，z_{it} 为影响技术效率的外生变量，δ_0 为常数项，δ 为外生变量的系数向量。若系数为负数，说明外生变量对技术效率有正向影响，反之则反之，ω_{it} 为随机误差项（魏权龄，2004）。

SFA 的优点在于能够衡量随机误差对不同研究对象配置效率的影响，能够对影响配置效率的外生性因素进行直接检验，特别适合对影响创新资源配置效率的环境因素进行分析，其不足之处在于它只能适用于多投入以及单产出的相对效率测算，然而科技产出很少是单方面的，只计算单方面产出效率并不能反映出研究对象整体的创新资源利用效率。而且在处理误差过程中，还需要一定的分布假设。[1]

---

[1] 肖泽磊. 高技术产业创新资源配置和政策效果评估 [D]. 南京：南京航空航天大学博士学位论文, 2010.

（七）非参数分析法

非参数分析法又称数学法，它和参数分析法是一对互补利弊的方法，其最大优点是仅通过使用线性规划的方法，而不需要具体函数形式或分布假设来得到前沿函数。

非参数分析法中最常用的是数据包络分析法（DEA），是一种测算相对有效性的系统分析法。其中应用较为广泛的是 C^2R 模型和 BC^2 模型，分别用来处理规模报酬不变与规模报酬变动假设下的决策单元有效性问题。

假设有 n 个决策单元（DMU），各使用 m 种投入要素 x_{ij}（$j=1,2,\cdots,m$），生产 s 种产出 y_{ir}（$r=1,2,\cdots,s$）（$x_{ij},y_{ir} \geq 0$），则 DMU_0 的相对决策效率衡量指标 $h_0(u,v)$ 表示为：

$$\begin{cases} \max h_0(u,v) = \dfrac{\sum\limits_{r=1}^{s} u_r y_{0r}}{\sum\limits_{j=1}^{m} v_j x_{0j}} \\ \text{s.t.} \ \dfrac{\sum\limits_{r=1}^{s} u_r y_{ir}}{\sum\limits_{j=1}^{m} v_j x_{ij}} \leq 1 \\ u_r, v_j \geq 0 \end{cases}$$

其中，$i=1,2,\cdots,n$；$j=1,2,\cdots,m$；$r=1,2,\cdots,s$。

为方便求解，可以把上述模型转化为对偶形式：

$$\begin{cases} \min \theta \\ \text{s.t.} \ \sum\limits_{i=1}^{n} \lambda_i y_{ir} \geq y_{or} \\ \theta x_{oj} - \sum\limits_{i=1}^{n} \lambda_i x_{ij} \geq 0 \\ \lambda_i \geq 0 \end{cases}$$

其中，$i=1,2,\cdots,n$；$j=1,2,\cdots,m$；$r=1,2,\cdots,s$。

上述模型中，θ 值为被评估单元的相对效率衡量指标，介于 0 与 1 之间。当 $\theta=1$ 时，表示决策单元有效，当 $\theta<1$ 时，表示决策单元无效。此模型隐含着规模报酬不变的假设，即为 C^2R 模型，如果约束条件中加入 $\sum_{i=1}^{n}\lambda_i=1$ 时，表示规模报酬变动，即为 BC^2 模型。

由 C^2R 模型得到的效率值为技术效率值，可以将其进一步分解为规模效率与纯技术效率的乘积，即：技术效率 = 规模效率 × 纯技术效率。由此得到，规模效率 = 技术效率 / 纯技术效率。规模效率值等于 1 表示决策单元处于最佳规模效率水平，规模效率值小于 1 表示决策单元处于规模无效率状态。同时，我们可以根据 $\sum_{i=1}^{n}\lambda_i$ 的值判断规模报酬的相关性质，当 $\sum_{i=1}^{n}\lambda_i<1$ 时表示规模报酬递增，此时增加投入会带来更高比例的产出增长；当 $\sum_{i=1}^{n}\lambda_i=1$ 时表示规模报酬不变，此时 DMU 达到最佳规模收益点；当 $\sum_{i=1}^{n}\lambda_i>1$ 时表示规模收益递减，此时减少投入会提高资源的使用效率。[①]

采用 DEA 分析法评估效率，其优势在于无须人为给定各指标的权重，也无须预先给定生产前沿函数，减少了人为因素对评估结论的干扰，使效率的测算结果更具有说服力。但上述传统的 DEA 模型最大的不足之处是无法剥离环境效应和随机误差对效率值的影响，此时的效率值无法反映到底是管理原因造成的低效，还是环境因素或者随机干扰导致的低效。由此，Fried 等提出了三阶段 DEA 模型，能够有效解决传统 DEA 模型的不足之处，去除非经营的因素（环境因素和随机误差）对效率的影响，使得所计算出来的效率值能更真实地反映决策单元的内部管理水平。其构建和运用包括以下三个阶段：

第一阶段：传统的 DEA 模型。

---

① 魏权龄. 数据包络分析 [M]. 北京：科学出版社，2004：1 – 140.

第二阶段：相似SFA分析模型。构建类似SFA模型，分别观测出环境因素、误差因素和管理效率三个因素的影响，进一步从中剔除环境因素和随机因素，得出仅由管理无效率造成的DMU投入冗余。以投入导向为例，设有n个决策单元，每个决策单元均有m种投入，设有p个可观测的环境变量，分别对每个DMU的投入松弛变量进行SFA分析，具体模型如下：

首先，建立松弛变量：

$s_{ij} = x_{ij} - \lambda x_{ij}$，$i = 1, 2, \cdots, n$，$j = 1, 2, \cdots, m$

其中，s_{ij}为科技投入松弛变量，x_{ij}为第i个决策单元第j项投入，λx_{ij}为第i个决策单元第j项投入在效率前沿面上的最优投入值。

其次，建立投入冗余量与环境变量之间的回归模型：

$s_{ij} = f^j(z_i, \beta^j) x_{ij} + u_{ij} + v_{ij}$，$i = 1, 2, \cdots, n$，$j = 1, 2, \cdots, m$

其中，s_{ij}为科技投入松弛变量，表示第i个决策单元第j项投入的差额值，$z_i = (z_{1i}, z_{2i}, \cdots, z_{ki})$表示$k$个环境变量，$\beta^j$是需要估算的解释环境变量的未知参数，$f^j(z_i, \beta^j)$表示环境变量对科技投入松弛变量$s_{ij}$的影响，一般取$f^j(z_i, \beta^j) = z_i\beta^j$，$u_{ij}$是第$i$个决策单元在第$j$个投入时产生的管理无效的非负随机变量，并假设$u_{ij} \sim N(u, \sigma_{uj}^2)$，$v_{ij}$是第$i$个决策单元在第$j$个投入时产生的随机误差、随机干扰，并假设$v_{ij} \sim N(0, \sigma_{vj}^2)$，$u_{ij} + v_{ij}$为混合误差项，且$u_{ij}$与$v_{ij}$独立不相关。当$\gamma = \dfrac{\sigma_{uj}^2}{\sigma_{uj}^2 + \sigma_{vj}^2}$趋于1时，管理因素的影响占主导地位，当$\gamma = \dfrac{\sigma_{uj}^2}{\sigma_{uj}^2 + \sigma_{vj}^2}$趋于0时，随机误差的影响占主导地位。

利用SFA模型的回归结果对各个决策单元的科技投入进行调整，有两种调整方法：一是增加处于较好环境决策单元的投入，二是减少处于较差环境决策单元的投入。考虑到投入不可能为负，在此采用第一种方法，对处于较好外部环境的决策单元增加投入，从而剥离环境因素和随机因素的影响。以最有效

的决策单元的投入为基准,对各样本的投入量调整如下:

$$X_{ij} = x_{ij} + \left[\max_i (z_i \hat{\beta}^j) - z_i \hat{\beta}^j\right] + \left[\max_i (\hat{v}_{ij}) - \hat{v}_{ij}\right]$$

$$i = 1, 2, \cdots, n, j = 1, 2, \cdots, m$$

其中,X_{ij}为第 i 个决策单元第 j 项投入的调整值,x_{ij}为第 i 个决策单元第 j 项投入的实际值,$\hat{\beta}_j$为环境变量参数的估计值,$\hat{v}_{ij}$为随机干扰项的估计值。第一个中括号表示把全部决策单元调整为相同环境,第二个中括号表示将全部决策单元的随机误差调整为相同情形。

第三阶段:调整后的 DEA 模型。将第二阶段得到的调整后的科技投入数据与原始产出数据再次代入 BCC 模型或者 CCR 模型,计算各决策单元的效率值,由此得到的即为剔除了环境因素和随机因素之后,真实、客观的创新资源配置效率值。①

二、本书选择的测度方法及模型

如上所述,数据包络分析(DEA)方法是目前进行创新资源配置效率测度的主要研究方法,本书选择三阶段 DEA 模型进行战略性新兴产业总体效率、行业效率和主体效率的分析。影响因素的分析方面有相关分析法、回归分析法、灰色关联分析、DEA – Tobit 模型、结构方程模型等方法。其中,回归分析方法是最实用且最为普及的方法,本书选择回归模型对创新资源配置微观和宏观影响因素进行分析。

---

① 刘玲利. 创新资源配置理论与配置效率研究 [D]. 长春:吉林大学博士学位论文,2007.

第四章 战略性新兴产业创新资源配置效率及实证研究

第一节 战略性新兴产业创新资源优化配置的重要意义

一、战略性新兴产业的界定

改革开放以来,我国经济建设取得了巨大成就。经济快速增长,人民生活持续改善,技术进步对经济增长的贡献不断增强,在世界经济中的地位不断提高。但是,经济发展过程中存在的经济质量低下、贫富差距扩大、生态环境不断恶化、技术创新能力薄弱等问题,已经成为制约我国经济健康、快速、持续发展的瓶颈。因此,我国大力提倡转变经济发展方式,优化产业结构升级,走集约型增长道路。在此背景下,发展战略性新兴产业提上了我国经济社会发展的重要日程。

战略性新兴产业是以重大技术突破和重大发展需求为基础,对经济社会全局和长远发展具有重大引领带动作用,知识技术密集、物质资源消耗少、成长潜力大、综合效益好的产业。战略性新兴产业代表着未来科技和产业发展的新方向。①

二、发展战略性新兴产业的重要性

(一) 发展战略性新兴产业是应对国际竞争的必然选择

全球每一次大的经济危机都伴随着科技新突破和产业新革命,催生新兴产业,形成新的经济增长点。2008年在国际金融危机的影响下,全球产业发展又进入调整时期,面临经济发展方式的转变。美国、日本、欧盟等主要发达国家应对危机冲击,纷纷加大科技创新投入、加快对新兴技术和产业发展的布局,对新兴产业给予了前所未有的强有力政策支持,将绿色能源、信息网络技术、生物技术、新材料技术等作为产业发展的重点加以规划和布局,力争通过发展新技术、培育新产业,创造新的经济增长点,抢占新一轮经济增长的战略制高点。②③

(二) 发展战略性新兴产业是走上新型工业化道路的必经之路

我国正处于工业化中期,工业在国民经济中具有主导作用,处于支柱地位。加快工业转型升级,促进工业由大变强,是我国现代化进程中艰巨的历史任务。目前,我国工业结构不合理、发展方式粗放、核心技术受制于人、资源环境约束强化、区域发展不平衡等问题非常突出。遵循工业化客观规律,适应市场需求变化,积极发展技术先进、结构优化、附加值高、清洁安全的新兴产

---

① 中国网. 国务院关于加快培育和发展战略性新兴产业的决定 [EB/OL]. http://www.china.com.cn/policy/txt/2010-10/19/content_ 21151090.htm, 2010-10-19/2015-07-05.
② 姚木根. 关于发展战略性新兴产业的思考 [J]. 价格月刊, 2011 (8): 1-11.
③ 胡海鹏, 黄茹. 国内战略性新兴产业发展研究综述 [J]. 首都经济贸易大学学报, 2014 (5): 120-128.

业体系，提高工业发展质量和效益，是走新兴工业化道路的坚实的物质基础。

（三）发展战略性新兴产业是实现产业转型升级的必要条件

我国传统产业多属于劳动密集型产业，存在产能过剩、资源短缺、进口依存度高、能源利用率低、环境污染严重等问题。从本质上来看，发展战略性新兴产业就是一种产业升级：从以引进外资、技术模仿、接受产业转移、专注低端制造为主，升级为主要依靠自主技术来源、主要依靠本国资本和主要以自己的力量将创新技术发展为先进产品，进而带动产业的繁荣发展。战略性新兴产业建立在重大前沿科技突破的基础上，代表着未来科技和产业发展的新方向，对经济社会具有全局带动和重大引领作用，且未来发展潜力巨大。发展战略性新兴产业是解决传统产业各种问题的关键，也是产业转型和升级的必要条件。①

三、战略性新兴产业创新资源优化配置的意义

战略性新兴产业是以新知识、新技术为基础，核心技术突破和重大发展需求为目标的高新技术产业，创新资源是投入科学研究和技术创新过程中的生产要素，也是战略性新兴产业发展的关键要素和核心资源。目前，培育和发展战略性新兴产业已成为我国的国家战略，各级地方政府也纷纷制定自己的战略性新兴产业发展规划，战略性新兴产业在各个地区的布局迅速升温。因此，在战略性新兴产业发展过程中，如何优化创新资源配置，提高创新资源的配置效率，实现不同利益主体、不同地区、不同行业资源配置的目标协同，实现各种政策、方法和手段的衔接互动，就成为战略性新兴产业可持续发展的关键，也成为中央和地方各级政府关注的一个核心问题。

---

① 陈爱雪. 我国战略性新兴产业发展研究 [D]. 长春：吉林大学博士学位论文，2013.

第二节 战略性新兴产业创新资源配置效率的实证研究

一、相关数据及其处理

创新资源配置效率包括时间配置效率、空间配置效率、行业配置效率、主体配置效率和阶段配置效率五个方面。前三个资源配置效率是宏观层面的,后两个资源配置效率是微观层面的。目前,学术界对战略性新兴产业还没有明确的统计分类标准,尚没有专门的针对战略性新兴产业的统计数据。所以战略性新兴产业没有完整的时间序列、空间布局和行业分布数据,更没有利益主体之间以及各个研究阶段方面的数据。目前,有关战略性新兴产业的实证研究不是很多,仅有的一些实证研究考虑到数据的可得性,都是用高技术产业数据代替战略性新兴产业数据,而高技术产业和战略性新兴产业虽然有一些相同的技术特征,但仍存在较大差异,用高技术产业数据代替进行研究所得结果必然存在偏颇,不能真实地反映战略性新兴产业发展情况。也有一些战略性新兴产业的实证研究,将战略性新兴产业分类结果与国民经济细分行业进行对照得到数据,如将战略性新兴产业中的新能源产业数据用国民经济细分行业中的电力、热力生产供应业以及燃气生产供应业数据代替。显然以这种方式得到的数据比实际数据范围要广,所以也存在一些缺陷。为此,本书采用问卷调查的方式对战略性新兴产业的数据进行深度挖掘和分析。

(一) 调查问卷设计

本书的调查问卷设计主要包括三个阶段：第一阶段是对国内外相关文献进行梳理和归纳，借鉴现有理论研究与实证研究中的相关评价指标，并根据自身研究需要，形成初步的问卷题项；第二阶段是与相关专家、学者和企业相关负责人员进行交流，广泛征求建议和意见，对初步形成的问卷进行修改和完善；第三阶段是对调查问卷进行小范围预试，根据被调查者的问卷反馈情况，对问卷中设置的题项进行相应的调整，形成调查问卷的最终稿。

本书最终形成的调查问卷其层次结构主要包括以下三个部分：第一部分是简要说明，即说明问卷调查的目的与意义；第二部分是填答提示，即提示填写者如何正确填写问卷；第三部分是主体部分，即所设问题及其选项。问卷共设置了28个题项，其中10项为定量指标（包括研发人员数量、研发活动经费总额、研发设备投入额、市级以上实验室或研发中心、拥有该行业的核心技术、拥有独特的生产工艺或技术、专利申请数、拥有发明专利数、新产品产值和新产品销售额）需填写实际数值；其余有18项为定性指标（包括研发人员研发能力、研发经费充裕程度、合作伙伴类型、合作伙伴数量、合作伙伴之间的合作创新方式、合作伙伴之间的关联强度、合作伙伴之间的利益分配机制、合作伙伴之间的长期合作关系、合作伙伴之间的交流频繁程度、政府部门的政策支持力度、企业与政府部门的联系程度、产品的价值和使用价值、企业的经济前景、所处市场的稳定程度、金融机构的支持力度、风险投资机构的满足程度、企业员工的创新精神、企业顾客的创新意识），定性指标均采用五点量表进行评估，从情况完全不符合到完全符合、水平从最低到最高或者从程度的最低级到最高级，最低者赋值1分，最高者赋值5分。

根据科学技术发展的一般规律，从创新资源投入到知识产出和经济产出具有一定的时滞性。① 当年的创新资源投入一般要等到一年或者更多年后才能获得知识产出,知识产出向现实的经济产出转化也需要一年或者更长的时间。国内学者评价创新资源投入产出效率时,习惯上采用知识产出滞后一年、经济产出滞后两年的方式。② 鉴于此,本书在测算创新资源投入产出效率时,设定知识产出的时滞期为一年,经济产出的时滞期为二年。所以在问卷中,经济产出为当年数据,知识产出为前一年数据,而创新资源为前两年数据。

问卷详情请参见本书附录。

(二) 数据收集与样本结构

本书研究发放问卷的方式主要有三种:第一种方式是直接对企业进行调研,并现场发放问卷,让企业管理部门、研发部门以及市场部门的相关人员填答问卷,这种方式共发放问卷20份,回收20份,问卷的回收率为100%。其中,有效问卷为17份,问卷的有效回收率为85%。第二种方式是委托可靠的联系人,包括政府和企业界的朋友、同学、学生,代为发放和回收问卷,这种方式共发放问卷60份,回收46份,问卷的回收率为77%。其中,有效问卷为39份,问卷的有效回收率为65%。第三种方式是通过网络,向企业直接邮寄电子邮件或者在线填答的形式发放和回收问卷,这种方式共发放问卷20份,回收6份,问卷的回收率为30%。其中,有效问卷为2份,问卷的有效回收率为10%。

三种方式共发放问卷100份,回收72份,问卷的回收率为72%。其中,有效问卷为58份,问卷的有效回收率为58%。说明本次研究的问卷设计和问卷回收方面的工作有效,可以使用本次问卷调查的数据对本书提出的研究假设进行验证。

样本结构主要描述样本企业的规模、企业性质和产业类型等。其中,企业

---

① 马鹏龙. 区域创新系统效率评价 [D]. 长春:吉林大学硕士学位论文,2006.
② 孙绪华. 我国创新资源配置的实证分析与效率评价 [D]. 武汉:华中农业大学博士学位论文,2011.

规模主要通过企业的员工人数衡量,从样本数来看,1000人及以上的大企业占44.8%,1000人以下的中小企业占55.2%;[①] 从企业性质看,国有企业占31.1%,民营企业占44.8%,外资企业占24.1%;从产业类型看,节能环保产业占8.6%,新一代信息技术产业占13.8%,生物产业占17.2%,高端装备制造产业占20.7%,新能源产业占10.3%,新材料产业占19.0%,新能源汽车产业占10.3%(见表4-1)。

表4-1 样本基本资料统计

企业特征	分类标准	样本数	占百分比(%)
企业规模	大企业	26	44.8
	中小企业	32	55.2
企业性质	国有企业	18	31.1
	民营企业	26	44.8
	外资企业	14	24.1
产业类型	节能环保产业	5	8.6
	新一代信息技术产业	8	13.8
	生物产业	10	17.2
	高端装备制造产业	12	20.7
	新能源产业	6	10.3
	新材料产业	11	19.0
	新能源汽车产业	6	10.3

有些研究认为,科技活动对知识产出和经济产出的影响是一个连续的过程[②][③],因此,创新资源数据通常选取存量数据,计算公式一般为:

---

① 根据国家统计局2011年9月2日最新颁布的《统计上大中小微型企业划分办法》,工业企业中从业人员≥1000人属于大型企业,300≤从业人员<1000人属于中型企业,20≤从业人员<300人属于小型企业,从业人员<20人属于微型企业。

② Griliches Z.. Patents Statistics as Economic Indicators:A Survey [J]. Journal of Economic Literature,1990,28 (4):1661-1707.

③ 吴延兵. 用DEA方法测评知识生产种的技术效率与技术进步 [J]. 数量经济技术经济研究,2008 (7):67-79.

$$K_{it}^R = E_{it}^R + (1-\delta) K_{it-1}^R \text{①}$$

其中,K_{it}^R表示创新资源存量,E_{it}^R表示当期创新资源投入,δ表示折旧率,i 和 t 分别表示不同科技主体(行业、地区或学科等)和时间。关于折旧率 δ 的确定,已有文献通常设定为15%或者25%,其中折旧率设定为25%主要是依据专利数据得到的,而实际上我国专利数据的设定与国际标准存在较大差异(我国专利包括发明专利、实用新型和外观设计三类,而国外只有发明专利),所以大部分研究的折旧率 δ 取15%。

本书研究更强调创新资源的投入增量对科技产出的影响,所以不选择存量数据。为了剔除物价变动及通货膨胀等因素的影响,本书研究在测算和比较分析时,以2010年为基期,采用GDP平减指数对研发经费支出总额、研发设备投入额、新产品产值和新产品销售收入数据进行换算。②

对需要折算的变量进行折算之后,得到变量数据的描述性统计结果如表4-2所示。

表4-2 变量数据的描述性统计结果

指标	样本数	均值	标准差	峰度	偏度
Reshum1	58	242.983	677.423	1.219	0.386
Reshum2	58	3.793	0.913	-0.859	0.433
Resfin1	58	1561.655	2710.767	1.198	0.608
Resfin2	58	2.345	1.409	0.602	-0.574
Resmat1	58	2668.621	4747.082	1.375	0.734
Resmat2	58	1.793	1.267	1.263	0.710
Resinf1	58	4.017	0.927	-0.856	0.729

---

① Goto A., Suzuki K.. R&D Capital, Rate of Return on R&D Investment and Spollover of R&D in Japanese Manufacturing Industries [J]. Reviews of Economics and Statistics, 1989 (4): 555-564.

② GDP平减指数(GDP Deflator)= 名义GDP/实际GDP,即没有剔除物价变动之前的GDP(即名义GDP或现价GDP)增长与剔除了物价变动后的GDP(即实际GDP或不变价GDP)增长的比值,是用来反映经济中物价总水平所发生的变动。

续表

指标	样本数	均值	标准差	峰度	偏度
Resinf2	58	3.983	0.888	-0.743	0.608
Outkno1	58	5.086	6.557	1.174	0.693
Outkno2	58	9.914	20.753	1.464	0.728
Outeco1	58	16330.914	26475.791	1.315	0.743
Outeco2	58	13114.810	22099.128	1.367	0.781
Macpol1	58	3.828	0.861	0.746	-0.577
Macpol2	58	3.672	0.735	0.608	-0.496
Maceco1	58	3.638	0.912	-0.866	-0.776
Maceco2	58	2.914	1.048	0.582	-0.414
Macmar1	58	3.621	0.721	0.141	-0.012
Macmar2	58	3.328	0.825	-0.102	0.352
Macmar3	58	2.948	0.963	0.106	0.220
Maccul1	58	3.948	0.847	-0.080	-1.198
Maccul2	58	3.690	0.627	-0.103	-0.042
Netpar1	58	3.534	1.404	-0.289	-0.412
Netpar2	58	3.621	1.197	0.022	-0.593
Netcou1	58	2.414	1.257	0.367	-0.702
Netcou2	58	3.586	0.879	-0.032	-0.652
Netste1	58	3.293	0.817	0.004	-0.586
Netste2	58	3.500	0.778	-0.232	-0.311

从表4-2中可以看出，所有变量的峰度的绝对值均小于1.500，偏度的绝对值均小于0.80，所以我们认为样本符合正态分布假设[1][2]，可以进行下一步的分析。

---

① 正态分布的判断方法通常是用正态性检验或者利用偏度值和峰度值进行判断。一般教科书中对偏度值和峰度值的要求过高（即认为偏度值和峰度值等于0时服从正态分布），要求样本数>1000，这在实际中很难达到。所以本书采用蔡忠建（2009）根据不同样本数给出的偏度和峰度标准值。蔡忠建认为样本数=60时，偏度和峰度值的99%的置信区间（绝对值）为0.80和1.49。本书的样本数为58，偏度和峰度值正好在置信区间内。

② 蔡忠建．对描述性统计量的偏度和峰度应用的研究[J]．北京体育大学学报，2009（3）：75-76．

第四章 战略性新兴产业创新资源配置效率及实证研究

(三) 信度与效度分析

信度分析是测度数据的可靠性和稳定性,它是指采用同样的方法对同一对象进行重复测量时所得结果的一致性程度。信度检验指标主要包括三类:稳定系数、等值系数和内部一致性系数。其中,最为常用的是内部一致性系数,内部一致性系数通常用 Cronbach's α 系数检验。

本书研究运用 SPSS 17.0 采用 Cronbach's α 系数对调查问卷量表的信度进行检验。如果测度变量的 Cronbach's α 系数大于 0.7,总体相关系数 (CITC) 大于 0.35,则说明统计数据具有较好的内部一致性。

从表 4-3 中可以看出,除信息资源、市场环境和网络平稳度的 Cronbach's α^2 系数小于 0.7 之外 (但仍大于 0.650),其余都大于 0.7,而且整体 Cronbach's α^2 系数为 0.802,说明问卷各维度的效度较好,具有较好的内部一致性。

表 4-3 变量的信度分析

变量类别	变量维度	Cronbach's α 系数	整体系数
创新资源	人力资源	0.842	
	财力资源	0.769	
	物力资源	0.715	
	信息资源	0.652	
科技产出	创新产出	0.795	
	经济产出	0.702	0.802
宏观影响因素	政策因素	0.886	
	经济因素	0.752	
	市场因素	0.668	
	文化因素	0.828	
微观影响因素	网络参与度	0.769	
	网络联结度	0.722	
	网络平稳度	0.671	

效度是判断测量结果是否真正符合研究者所预期的结果，是数据与理想值的差异程度，如果测量的结果与拟考察对象的内容越吻合，则说明效度越高；如果测量的结果与拟考察对象的内容相背离，则说明效度越低。效度检验主要包括内容效度和结构效度两大类。

内容效度是衡量测验与评价质量的重要指标，是指测验题目对相关内容或行为取样的适用性和代表性如何，也就是测量的内容是不是能够反映出所要测量内容的特质。① 本书研究模型中各测量题项的提出，都是在分析国内外文献资料的基础上，结合调查企业的实际情况提出的，随后经过小样本的预试后再修改而得到的，因此此量表具有适宜的内容效度。

结构效度是指测量结果体现出来的某种结构与测量变量之间的对应程度，即测量工具中的项目在多大程度上反映研究的理论概念。② 在进行结构效度评价时一般采用因子分析法，即通过从量表全部的测量题项中提取部分公因子来代表量表的基本结构，使其与某一群特定变量高度关联，从而用来分析和考察问卷中研究者设计的某种假设能否测量出来。如果所提取得到的公共因子与理论结构比较接近时，则说明测量题项具有结构效度。依据经验判定方法，当KMO值大于0.7，各测量题项的载荷系数均大于0.5时，说明可以通过因子分析将统一变量的测量题项进行合并，使其成为一个因子来进行后续分析。下面逐一地对创新资源、科技产出、宏观影响因素和微观影响因素进行因子分析。③

1. 创新资源的效度分析

本书研究首先利用 SPSS 17.0 对创新资源的各测量题项进行了探索性因子

---

① 吴明隆. SPSS 统计应用实务 [M]. 北京：科学出版社，2003：63.
② 曾贱吉. 企业员工组织信任：前因、效应及其作用 [D]. 西安：西安交通大学博士学位论文，2010：37.
③ 夏茂森. 辽宁高技术产业基地成长的政府干预研究 [D]. 沈阳：辽宁大学博士学位论文，2013.

分析。因子分析要求原有各变量之间需要具有较强的相关性，这样才能从众多变量中综合提炼出具有共同特性的少数公共因子。SPSS 提供了 KMO（Kaiser – Meyer – Olkin）和 Bartlett's 球形检验两种方法验证是否适合进行因子分析。KMO 值介于 0 和 1 之间，KMO 值越大说明变量之间的相关性越强，越适合进行因子分析，当 KMO 值小于 0.6 时，说明数据不适合进行因子分析；当 KMO 值介于 0.6 和 0.7 之间时，表示数据勉强可以进行因子分析；而当 KMO 值大于 0.7 时，说明数据适合进行因子分析。① 或者 Bartlett's 球形检验的相伴概率值越接近 0 时越适合进行因子分析，一般来说相伴概率值小于 0.05 时可以进行因子分析。②

创新资源各测量题项的 KMO 和 Bartlett's 球形检验结果如表 4 – 4 所示。

表 4 – 4　创新资源测量题项的 KMO 和 Bartlett's 球形检验结果

KMO（Kaiser – Meyer – Olkin）检验		0.645
Bartlett's 球形检验	卡方值 Approx. Chi – Square	145.664
	自由度 df.	28
	相伴概率 Sig.	0.000

由表 4 – 4 可以看出，KMO 检验值偏低，为 0.645，但可以考虑进行因子分析。同时，Bartlett's 球形检验的卡方（χ^2）统计值相伴概率值为 0.000 小于 0.05，也说明可以进行因子分析。

因子分析的总方差分解表如表 4 – 5 所示。

---

① 吴明隆. SPSS 统计应用实务 [M]. 北京：科学出版社，2003：67.
② 夏茂森. 辽宁高技术产业基地成长的政府干预研究 [D]. 沈阳：辽宁大学博士学位论文，2013.

表4-5 创新资源测量题项的总方差分解

因子编号	初始数据相关系数矩阵			旋转后的相关系数矩阵		
	特征值	占总方差的百分率	占总方差的累计百分率	特征值	占总方差的百分率	占总方差的累计百分率
1	2.892	36.144	36.144	2.307	28.835	28.835
2	1.503	18.791	54.935	1.655	20.687	49.522
3	1.204	15.051	69.986	1.305	16.314	65.836
4	0.843	10.543	80.529	1.176	14.694	80.530
5	0.709	8.864	89.393			
6	0.345	4.307	93.700			
7	0.303	3.785	97.485			
8	0.201	2.515	100.000			

注：系统按相关系数矩阵的特征值大于1的标准共提取三个主因子，考虑到此时方差累计贡献率较低（65.836%），强制选择了四个主因子，此时方差累计贡献率达到80.530%。

从表4-5中可以看出，有四个因子被提取出来。旋转以后四个因子占总体方差的比例分别为28.835%、20.687%、16.314%和14.694%，四个因子共解释了原有变量80.530%的信息。

旋转后的因子载荷矩阵如表4-6所示。

表4-6 创新资源测量题项的因子载荷

变量	题项	因子1	因子2	因子3	因子4
人力资源	Reshum1	0.739	7.156E-02	0.637	-0.326
	Reshum2	-7.995E-04	9.640E-02	0.899	0.150
财力资源	Resfin1	9.757E-02	0.125	-4.552E-03	0.896
	Resfin2	0.135	0.186	0.169	0.836
物力资源	Resmat1	0.898	0.207	-2.279E-02	0.111
	Resmat2	0.582	7.244E-02	0.553	-0.557
信息资源	Resinf1	0.215	0.881	-5.815E-02	0.117
	Resinf2	9.339E-02	0.876	0.216	4.764E-02

从表4-6中可以看出,人力资源的两个题项在因子3上有较大载荷值,因子载荷系数大于0.5(最大值为0.899,最小值为0.637),因此可以将这两个题项归为一组,称为科技人力资源因子;财力资源的两个题项在因子4上有较大载荷值,因子载荷系数大于0.5(最大值为0.896,最小值为0.836),因此可以将这两个题项归为一组,称为科技财力资源因子;物力资源的两个题项在因子1上有较大载荷值,因子载荷系数大于0.5(最大值为0.898,最小值为0.582),因此可以将这两个题项归为一组,称为科技物力资源因子;信息资源的两个题项在因子2上有较大载荷值,因子载荷系数大于0.5(最大值为0.881,最小值为0.876),因此可以将这两个题项归为一组,称为科技信息资源因子。

2. 科技产出的效度分析

科技产出各测量题项的KMO和Bartlett's球形检验结果如表4-7所示。

表4-7 科技产出各测量题项的KMO和Bartlett's球形检验结果

KMO (Kaiser-Meyer-Olkin) 检验		0.702
Bartlett's球形检验	卡方值 Approx. Chi-Square	285.499
	自由度 df.	6
	相伴概率 Sig.	0.000

由表4-7可以看出,KMO检验值为0.702,表示可以进行因子分析。同时,Bartlett's球形检验的卡方(χ^2)统计值其相伴概率值为0.000,小于0.05,也说明适合进行因子分析。

因子分析的总方差分解如表4-8所示。

表4-8 科技产出各测量题项的总方差分解

因子编号	初始数据相关系数矩阵			旋转后的相关系数矩阵		
	特征值	占总方差的百分率	占总方差的累计百分率	特征值	占总方差的百分率	占总方差的累计百分率
1	2.221	55.536	55.536	1.998	49.958	49.958
2	1.572	39.295	94.831	1.795	44.873	94.831
3	0.199	4.971	99.802			
4	7.892E-03	0.198	100.000			

由表4-8可以看出,有两个因子被提取出来。旋转以后两个因子占总体方差的比例分别为49.958%和44.873%,两个因子共解释了原有变量94.831%的信息。

旋转后的因子载荷矩阵如表4-9所示。

表4-9 科技产出各测量题项的因子载荷

变量	题项	因子1	因子2
知识产出	Outkno1	0.141	0.937
	Outkno2	1.633E-02	0.950
经济产出	Outeco1	0.995	7.592E-02
	Outeco2	0.994	8.572E-02

由表4-9可以看出,知识产出的两个题项在因子2上有较大载荷值,因子载荷系数均大于0.5(最大值为0.950,最小值为0.937),因此可以将这些题项归为一组,称为知识产出因子。经济产出在因子1上有较大载荷值,因子载荷系数均大于0.5(最大值为0.995,最小值为0.994),因此可以将这些题项归为一组,称为经济产出因子。

3. 宏观影响因素的效度分析

宏观影响因素各测量题项的KMO和Bartlett's球形检验结果如表4-10所示。

表4-10 宏观影响因素各题项的 KMO 和 Bartlett's 球形检验结果

KMO（Kaiser - Meyer - Olkin）检验		0.839
Bartlett's 球形检验	卡方值 Approx. Chi - Square	177.358
	自由度 df.	36
	相伴概率 Sig.	0.000

由表4-10可以看出，KMO 检验值为0.839，表示可以进行因子分析。同时，Bartlett's 球形检验的卡方（χ^2）统计值其相伴概率值为0.000，小于0.05，也说明可以进行因子分析。

因子分析的总方差分解如表4-11所示。

表4-11 宏观影响因素各题项的总方差分解

因子编号	初始数据相关系数矩阵			旋转后的相关系数矩阵		
	特征值	占总方差的百分率	占总方差的累计百分率	特征值	占总方差的百分率	占总方差的累计百分率
1	2.821	31.345	31.345	1.982	22.023	22.023
2	1.884	20.928	52.273	1.777	19.740	41.763
3	1.322	14.688	66.961	1.692	18.800	60.563
4	1.020	11.336	78.297	1.596	17.736	78.299
5	0.637	7.082	85.379			
6	0.548	6.093	91.472			
7	0.348	3.869	95.341			
8	0.266	2.952	98.293			
9	0.154	1.707	100.000			

由表4-11可以看出，有四个因子被提取出来。旋转以后四个因子占总体方差的比例分别为22.023%、19.740%、18.800%和17.736%，四个因子共解释了原有变量78.299%的信息。

旋转后的因子载荷矩阵如表4-12所示。

表4-12 宏观影响因素各题项的因子载荷

变量	题项	因子1	因子2	因子3	因子4
政策因素	Macpol1	-7.903E-03	0.891	0.190	-0.165
	Macpol2	0.185	0.877	9.107E-02	-0.129
经济因素	Maceco1	0.281	0.122	0.856	-1.471E-02
	Maceco2	5.280E-02	0.144	0.921	6.965E-02
市场因素	Macmar1	0.717	-0.208	0.154	0.528
	Macmar2	-6.225E-02	-4.824E-02	4.910E-02	0.875
	Macmar3	8.566E-02	-0.238	5.779E-03	0.839
文化因素	Maccul1	0.804	0.194	0.197	0.149
	Maccul2	0.834	0.193	4.018E-02	6.415E-02

由表4-12可以看出,政策因素的两个题项在因子2上有较大载荷值,因子载荷系数均大于0.5(最大值为0.891,最小值为0.877),因此可以将这些题项归为一组,称为政策因素因子。经济因素的两个题项在因子3上有较大载荷值,因子载荷系数均大于0.5(最大值为0.921,最小值为0.856),因此可以将这些题项归为一组,称为经济因素因子。市场因素的三个题项在因子4上有较大载荷值,因子载荷系数均大于0.5(最大值为0.875,最小值为0.528),因此可以将这些题项归为一组,称为市场因素因子。文化因素的两个题项在因子1上有较大载荷值,因子载荷系数均大于0.5(最大值为0.834,最小值为0.804),因此可以将这些题项归为一组,称为文化因素因子。

4. 微观影响因素的效度分析

微观影响因素各测量题项的KMO和Bartlett's球形检验结果如表4-13所示。

表4–13　微观影响因素各题项的 KMO 和 Bartlett's 球形检验结果

KMO（Kaiser–Meyer–Olkin）检验		0.734
Bartlett's 球形检验	卡方值 Approx. Chi–Square	146.855
	自由度 df.	21
	相伴概率 Sig.	0.000

由表4–13可以看出，KMO 检验值为 0.734，表示可以进行因子分析。同时，Bartlett's 球形检验的卡方（χ^2）统计值其相伴概率值为 0.000，小于 0.05，也说明可以进行因子分析。

因子分析的总方差分解如表4–14所示。

表4–14　微观影响因素各题项的总方差分解

因子编号	初始数据相关系数矩阵			旋转后的相关系数矩阵		
	特征值	占总方差的百分率	占总方差的累计百分率	特征值	占总方差的百分率	占总方差的累计百分率
1	3.341	47.728	47.728	2.179	31.122	31.122
2	1.190	17.007	64.735	1.986	28.373	59.495
3	0.903	12.900	77.635	1.270	18.139	77.634
4	0.559	7.983	85.618			
5	0.486	6.942	92.560			
6	0.289	4.123	96.683			

注：系统按相关系数矩阵的特征值大于1的标准共提取两个主因子，考虑到此时方差累计贡献率较低为 59.495%，强制选择了三个主因子，此时方差累计贡献率达到 77.634%。

由表4–14可以看出，有三个因子被提取出来。旋转以后三个因子占总体方差的比例分别为 31.122%、28.373% 和 18.139%，三个因子共解释了原有变量 77.634% 的信息。

旋转后的因子载荷矩阵如表 4-15 所示。

表 4-15　微观影响因素各题项的因子载荷

变量	题项	因子 1	因子 2	因子 3
网络参与度	Netpar1	0.883	0.186	-1.189E-02
	Netpar2	0.864	0.237	0.119
网络联结度	Netcou1	0.723	0.109	0.521
	Netcou2	0.282	0.323	0.729
网络平稳度	Netste1	0.179	0.794	1.374E-03
	Netste2	9.971E-02	0.932	0.165

由表 4-15 可以看出，网络参与度的 2 个题项在因子 1 上有较大载荷值，因子载荷系数均大于 0.5（最大值为 0.883，最小值为 0.864），因此可以将这些题项归为一组，称为网络参与度因子。网络联结度的两个题项在因子 3 上有较大载荷值，因子载荷系数均大于 0.5（最大值为 0.729，最小值为 0.521），因此可以将这些题项归为一组，称为网络联结度因子。网络平稳度的两个题项在因子 2 上有较大载荷值，因子载荷系数均大于 0.5（最大值为 0.932，最小值为 0.794），因此可以将这些题项归为一组，称为网络平稳度因子。

二、创新资源配置的总体效率分析

根据前文建立的分析框架和测算方法，对辽宁 58 家企业创新资源配置总体效率情况进行分析，分析结果如下：

（一）第一阶段：传统 DEA 评价

利用传统 DEA 投入导向 BCC 模型和 CCR 模型，运用 DEAP 2.1 软件对 58 家战略性新兴企业创新资源配置效率进行分析，得到评价结果如表 4-16 所示。

表 4-16 58 家战略性新兴企业创新资源配置效率评价结果

企业代码	综合效率	纯技术效率	规模效率	规模报酬
1	0.875	0.989	0.885	irs
2	1.000	1.000	1.000	crs
3	0.856	0.901	0.950	drs
4	1.000	1.000	1.000	crs
5	0.904	1.000	0.904	irs
6	0.842	0.932	0.903	irs
7	1.000	1.000	1.000	crs
8	0.965	1.000	0.965	irs
9	0.902	0.917	0.984	irs
10	1.000	1.000	1.000	crs
11	0.903	0.988	0.914	irs
12	1.000	1.000	1.000	crs
13	1.000	1.000	1.000	crs
14	0.986	1.000	0.986	irs
15	0.946	0.975	0.970	irs
16	0.812	1.000	0.812	irs
17	0.458	0.813	0.563	drs
18	0.768	0.836	0.917	irs
19	0.579	0.656	0.883	drs
20	0.594	0.601	0.988	irs
21	0.835	1.000	0.835	irs
22	0.682	0.726	0.939	irs
23	0.489	0.601	0.814	drs
24	0.885	0.924	0.958	irs
25	1.000	1.000	1.000	crs
26	0.922	0.968	0.952	irs
27	0.612	0.620	0.987	drs
28	0.729	0.853	0.855	irs
29	1.000	1.000	1.000	crs
30	0.798	0.906	0.881	irs
31	0.795	1.000	0.795	irs

续表

企业代码	综合效率	纯技术效率	规模效率	规模报酬
32	0.823	0.831	0.990	irs
33	0.855	1.000	0.855	irs
34	0.802	0.879	0.912	drs
35	0.798	0.976	0.818	irs
36	0.803	1.000	0.803	irs
37	0.927	0.981	0.945	irs
38	0.826	0.848	0.974	drs
39	1.000	1.000	1.000	crs
40	0.763	0.877	0.870	irs
41	1.000	1.000	1.000	crs
42	0.656	0.845	0.776	drs
43	1.000	1.000	1.000	crs
44	0.956	1.000	0.956	irs
45	0.836	0.943	0.887	drs
46	0.839	0.993	0.845	irs
47	0.930	1.000	0.930	irs
48	1.000	1.000	1.000	crs
49	1.000	1.000	1.000	crs
50	1.000	1.000	1.000	crs
51	0.917	0.958	0.957	irs
52	0.956	0.970	0.986	irs
53	0.833	1.000	0.833	irs
54	0.631	0.985	0.641	drs
55	0.886	1.000	0.886	irs
56	0.743	0.949	0.783	irs
57	1.000	1.000	1.000	crs
58	0.712	0.718	0.992	drs
平均值	0.856	0.930	0.914	—

注：irs 为规模报酬递增，drs 为规模报酬递减，crs 为规模报酬不变。

第四章 战略性新兴产业创新资源配置效率及实证研究

由表4-16可以看出,在不考虑外部环境因素和随机误差的情况下,2014年58家战略性新兴企业创新资源配置综合效率平均值为0.856,纯技术效率平均值为0.930,规模效率平均值为0.914。三项效率值的平均值均不为1,说明没有达到有效水平。其中,纯技术效率平均值较高,为0.914,说明从平均来看,大部分企业其管理和技术因素水平较高。

(二)第二阶段:SFA回归分析

应用SFA方法进行回归分析,需要首先确定外在环境变量。本书选取中央财政拨款、地区生产总值、市场开放度和教育发展水平作为环境变量,将它们作为解释变量,第一阶段创新资源投入冗余量作为被解释变量,构建SFA回归模型,以便分离外在环境变量对效率的影响。

利用经济统计软件FRONTIER 4.1对模型的相关参数进行极大似然估计,得到的回归结果如表4-17所示。

表4-17 第二阶段SFA回归结果

被解释变量	常数项	解释变量			
		中央财政拨款	地区生产总值	市场开放程度	教育发展水平
	α_0	α_1	α_2	α_3	α_4
研发人员数量松弛变量	9.282**	-2.551**	-0.537**	-3.624***	-1.254***
研发人员研发能力松弛变量	5.253***	-0.762**	-0.855**	-3.658**	-0.963**
研发经费支出总额松弛变量	65.854**	-0.834*	-0.924***	-2.056**	-1.580**
研发经费充裕程度松弛变量	2.596**	-3.724**	-9.256***	-2.332**	-0.364**
研发设备投入额松弛变量	5.698*	-1.365**	-4.316**	-2.336**	0.621*
市级以上实验室或研发中心松弛变量	26.239**	-2.072**	-2.246*	-1.836***	-0.649**
该行业的核心技术松弛变量	0.690*	0.362*	-0.325**	-0.988**	-1.653**
独特的生产工艺或技术松弛变量	0.057	0.285	-0.542	-0.437	-0.831

注:***、**和*分别表示在1%、5%和10%水平上具有显著性。

由表 4-17 可以看出，SFA 回归模型系数绝大多数通过了 T 检验，说明除了管理和技术因素外，环境和随机干扰因素是导致投入松弛的重要原因，也验证了进行第二阶段分析的必要性。

回归模型中的四个外在环境变量对八种投入松弛变量的系数均能通过显著性检验，说明外在环境变量对 58 家战略性新兴产业创新资源投入存在显著影响，第二阶段的 SFA 回归分析是非常有必要进行的。

考察各个外在环境变量对创新资源投入松弛变量的回归系数，如果回归系数为负数，则表示增加环境变量值有利于减少投入松弛变量，即有利于减少各种创新资源投入的浪费或降低负的产出；反之，如果回归系数为整数，则表示增加环境变量将会增加投入松弛变量，从而导致各种创新资源投入变量的浪费或减少产出。由表 4-17 可以看出，各个环境变量对创新资源投入松弛变量的回归系数大部分为负数，说明各个环境变量对大部分创新资源投入具有正向作用，对少数部分创新资源投入具有负向作用。

（三）第三阶段：调整后的 DEA

对 58 家企业创新资源投入进行调整后，再次对调整后的创新资源投入和产出进行 BCC 模型分析，分析结果如表 4-18 所示。

表 4-18　58 家战略性新兴企业创新资源配置效率评价结果（调整后）

企业代码	综合效率	纯技术效率	规模效率	规模报酬
1	0.628	1.000	0.628	irs
2	1.000	1.000	1.000	crs
3	0.837	0.933	0.897	drs
4	1.000	1.000	1.000	crs
5	0.898	1.000	0.898	irs
6	0.749	0.953	0.786	irs
7	1.000	1.000	1.000	crs

续表

企业代码	综合效率	纯技术效率	规模效率	规模报酬
8	1.000	1.000	1.000	crs
9	0.845	0.929	0.910	irs
10	1.000	1.000	1.000	crs
11	0.861	1.000	0.861	irs
12	1.000	1.000	1.000	crs
13	1.000	1.000	1.000	crs
14	1.000	1.000	1.000	crs
15	0.824	0.983	0.838	irs
16	0.759	1.000	0.759	irs
17	0.307	0.831	0.369	drs
18	0.612	0.841	0.728	irs
19	0.498	0.656	0.759	drs
20	0.474	0.603	0.786	irs
21	0.716	1.000	0.716	irs
22	0.571	0.733	0.779	irs
23	0.376	0.721	0.521	drs
24	0.813	0.968	0.840	irs
25	1.000	1.000	1.000	crs
26	0.846	0.976	0.867	irs
27	0.532	0.625	0.851	drs
28	0.679	0.874	0.777	irs
29	1.000	1.000	1.000	crs
30	0.602	0.920	0.654	irs
31	0.680	1.000	0.680	irs
32	0.706	0.842	0.838	irs
33	0.743	1.000	0.743	irs
34	0.702	0.878	0.800	drs
35	0.698	1.000	0.698	crs
36	0.695	1.000	0.695	irs
37	0.820	0.993	0.826	irs
38	0.704	0.851	0.827	drs

续表

企业代码	综合效率	纯技术效率	规模效率	规模报酬
39	1.000	1.000	1.000	crs
40	0.652	0.902	0.723	irs
41	1.000	1.000	1.000	crs
42	0.541	0.889	0.609	drs
43	1.000	1.000	1.000	crs
44	1.000	1.000	1.000	crs
45	0.733	0.960	0.764	drs
46	0.712	1.000	0.712	irs
47	0.836	1.000	0.836	irs
48	1.000	1.000	1.000	crs
49	1.000	1.000	1.000	crs
50	1.000	1.000	1.000	crs
51	0.805	0.970	0.830	irs
52	0.847	0.978	0.866	irs
53	0.710	1.000	0.710	irs
54	0.560	0.995	0.563	drs
55	0.799	1.000	0.799	irs
56	0.618	0.954	0.648	irs
57	1.000	1.000	1.000	crs
58	0.683	0.725	0.942	drs
平均值	0.787	0.939	0.833	—

注：irs 为规模报酬递增，drs 为规模报酬递减，crs 为规模报酬不变。

由表 4-18 可以看出，剔除环境因素和随机干扰因素的影响之后，创新资源配置效率产生很大的变化。综合技术有效（处在前沿面）的企业从 15 家上升到 18 家，综合效率平均值从 0.856 下降到 0.787，从纯技术效率和规模效率看，纯技术效率由 0.936 上升到 0.939，而规模效率则由 0.914 下降到 0.833，说明国家财政拨款、地区生产总值、市场开放程度和教育发展水平掩盖了战略性新兴企业的纯技术效率，虚高了规模效率，两者作用之下，尽管有效 DNU 增加，但整体效率仍呈现虚高态势。

在58家企业中，18家企业（企业代码分别为：2、4、7、8、10、12、13、14、25、29、39、41、43、44、48、49、50、57）的三项效率值均为1，处于技术效率前沿面，其投入产出水平在整体上是有效的，同时表明其技术有效和规模有效，即技术、管理水平与生产、经营规模达到了理想程度，创新资源配置实现了优化。

在58家企业中，13家企业（企业代码分别为：1、5、11、16、21、31、33、35、36、46、47、53、55）纯技术效率为1，其他企业在纯技术效率或者规模效率方面存在不同程度的无效率，总体来看，58家企业的无效率主要来源于规模无效，纯技术无效相对较低，说明创新资源总体配置效率不高。

不同企业规模、企业性质和产业类型的企业创新资源配置效率情况整理如表4-19所示。

表4-19 不同属性企业创新资源配置情况

企业属性		创新资源配置效率		
		优（效率值=1.0）	良（0.8≤效率值<1）	差（0≤效率值<0.8）
企业规模	大企业	13	7	6
	所占比重	50.0%	26.9%	23.1%
	中小企业	5	3	24
	所占比重	15.6%	9.4%	75.0%
企业性质	国有企业	7	5	6
	所占比重	38.9%	27.8%	33.3%
	民营企业	11	6	15
	所占比重	34.4%	18.8%	46.8%
	外资企业	3	2	9
	所占比重	21.4%	14.3%	64.3%

续表

企业属性		创新资源配置效率		
		优（效率值=1.0）	良（0.8≤效率值<1）	差（0≤效率值<0.8）
所属产业	节能环保产业	4	1	0
	所占比重	80.0%	20.0%	0.0%
	新一代信息技术产业	1	1	6
	所占比重	12.5%	12.5%	75.0%
	生物产业	2	1	7
	所占比重	20.0%	10.0%	70.0%
	高端装备制造产业	2	3	7
	所占比重	16.7%	25.0%	58.3%
	新能源产业	3	2	1
	所占比重	50.0%	33.3%	8.3%
	新材料产业	1	1	9
	所占比重	9.1%	9.1%	81.8%
	新能源汽车产业	5	1	0
	所占比重	83.3%	16.7%	0.0%

从不同规模企业创新资源配置情况中可以看出，创新资源配置水平为优的企业中，大企业有13家，占大企业总数的50.0%，而中小企业只有5家，占所有中小企业的15.6%，中小企业创新资源配置处于较差水平的较多，说明目前辽宁大企业和中小企业创新资源配置方面的差距较大。大企业较之中小企业研发人员充足，资金实力雄厚，机器设备先进，所以在人力、财力和物力资源方面具有优势。大企业的规模优势更加有利于创新资源的优化配置，降低开拓市场的风险，增加技术创新的风险承受能力，企业经营向多角度发展，各行业知识相互渗透、启发与交互作用，有利于激发技术创新成功，提高研究开发的效率。大企业拥有健全的市场网络，同时大企业一般属于地方的支柱产业，受政府的优惠和保护，有比较好的政策环境，容易和政府、科研机构和其他企业等进行广泛的交流与合作，而中小企业市场网络一般不是很发达。

从不同性质企业创新资源配置情况中可以看出，创新资源配置为优的企业中，国有企业有7家，占国有企业总数的38.9%；民营企业有11家，占民营企业总数的34.4%；外资企业有3家，占所有外资企业总数的21.4%。其中，国有企业创新资源配置水平较高，主要由于国有企业，特别是央企，站在行业技术的最前沿，拥有一流的创新队伍，创新资源雄厚，创新的政策、市场和技术环境等都具有明显优势。但是国有企业33.3%的企业创新资源配置效率不高，确实存在不容忽视的创新效率损失问题。而外资企业创新资源配置水平较低，主要源于国外大公司在国内的合资企业一般只是其"加工车间"，其创新资源主要由其公司所控制。总体来看，三种性质的企业发展都表现出很大的不均衡性。

从不同产业类型企业创新资源配置情况中可以看出，在创新资源配置水平为优的企业中，节能环保企业有4家，占节能环保企业总数的80.0%；新一代信息技术企业只有1家，占所有新一代信息技术企业的比例为12.5%；生物企业有2家，占生物企业总数的20.0%；高端装备制造企业只有2家，占所有高端装备制造企业的比例为16.7%；新能源企业有3家，占所有新能源企业的比例为50.0%；新材料只有1家，占所有新材料企业总数的9.1%；新能源汽车企业有5家，占所有新能源汽车企业的比例为83.3%。其中，节能环保企业和新能源汽车企业总体配置水平较高，这主要与近年来国家在节能环保和新能源汽车领域政策的逐步落地、技术和市场方面的全面突破有重要关联。总体来看，战略性新兴产业创新资源配置效率在不同产业之间以及同一产业内部存在较大差异。

三、创新资源配置的行业效率分析

根据前文建立的分析框架和测算方法，对辽宁战略性新兴产业七大行业（节能环保产业、新一代信息技术产业、生物产业、高端装备制造产业、新能源产业、新材料产业和新能源汽车产业）创新资源配置效率情况进行分析，分析结果如下：

（一）第一阶段：传统 DEA 评价

利用传统 DEA 投入导向 BCC 模型和 CCR 模型，运用 DEAP 2.1 软件对战略性新兴产业七大行业创新资源配置效率进行分析，得到的评价结果如表 4-20 所示。

表 4-20　战略性新兴七大行业创新资源配置效率评价结果

行业分类	综合效率	纯技术效率	规模效率	规模报酬
节能环保产业	1.000	1.000	1.000	crs
新一代信息技术产业	0.837	0.933	0.897	drs
生物产业	0.628	1.000	0.628	crs
高端装备制造产业	0.833	1.000	0.833	drs
新能源产业	0.902	0.961	0.939	irs
新材料产业	0.749	0.953	0.786	irs
新能源汽车产业	1.000	1.000	1.000	crs
平均值	0.850	0.978	0.869	—

注：irs 为规模报酬递增，drs 为规模报酬递减，crs 为规模报酬不变。

从表 4-20 中可以看出，在不考虑外部环境因素和随机误差的情况下，2014 年辽宁战略性新兴产业七大行业创新资源配置综合效率平均值为 0.850，纯技术效率平均值为 0.978，规模效率平均值为 0.869。三项效率值的平均值均不为 1，说明没有达到有效水平。其中，纯技术效率平均值较高为 0.978，说明平均来看，辽宁的大部分战略性新兴产业管理和技术因素水平较高。

（二）第二阶段：SFA 回归分析

应用 SFA 方法进行回归分析，需要首先确定外在环境变量。本书研究选取中央财政拨款、地区生产总值、市场开放度和教育发展水平作为环境变量，将它们作为解释变量,第一阶段创新资源投入冗余量作为被解释变量,构建 SFA 回归模型,以分离外在环境变量对效率的影响。

利用经济统计软件 Frontier 4.1 对模型的相关参数进行极大似然估计,得到回归结果如表 4-21 所示。

表 4-21 第二阶段 SFA 回归结果

被解释变量	常数项	解释变量			
		中央财政拨款	地区生产总值	市场开放程度	教育发展水平
	α_0	α_1	α_2	α_3	α_4
研发人员数量松弛变量	1.282*	-0.685**	-0.698**	-1.299	-2.263***
研发人员研发能力松弛变量	0.253**	-1.365**	-1.652	-0.464**	-1.825**
研发经费支出总额松弛变量	4.597**	-4.861*	-0.524	-2.883**	-0.630**
研发经费充裕程度松弛变量	6.856**	-7.134**	-1.278***	-3.245***	-2.368**
研发设备投入额松弛变量	0.063*	-0.365	-2.477**	5.032**	-0.536*
市级以上实验室或研发中心松弛变量	3.683**	-7.320**	-0.354*	2.435***	-0.766**
该行业的核心技术松弛变量	1.845*	1.466*	-1.548*	-1.922	-6.353**
独特的生产工艺或技术松弛变量	0.158	0.359	-1.542**	-0.255**	-1.392

注:***、**和*分别表示在 1%、5% 和 10% 水平上具有显著性。

由表 4-21 可以看出,SFA 回归模型系数绝大多数通过了 T 检验,说明除了管理和技术因素外,环境和随机干扰因素是导致投入松弛的重要原因,也验证了进行第二阶段分析的必要性。

回归模型中的四个外在环境变量对八种投入松弛变量的系数均能通过显著性检验,说明外在环境变量对战略性新兴产业七大行业创新资源投入存在显著影响,进行第二阶段的 SFA 回归分析是非常有必要的。

考察各个外在环境变量对创新资源投入松弛变量的回归系数,如果回归系数为负数,则表示增加环境变量值有利于减少投入松弛变量,即有利于减少各种创新资源投入的浪费或降低负的产出;反之,如果回归系数为整数,则表示增加环境变量将会增加投入松弛变量,从而导致各种创新资源投入变量的浪费或减少产出。由表 4-21 可以看出,各个环境变量对创新资源投入松弛变量的回归系数大部分为负数,说明各个环境变量对大部分创新资源投入具有正向作用,对少数部分创新资源投入具有负向作用。

(三) 第三阶段:调整后的 DEA

对战略性新兴产业七大行业创新资源投入进行调整后,再次对调整后的创新资源投入和产出进行 BCC 模型分析,分析结果如表 4-22 所示。

表 4-22　战略性新兴产业七大行业创新资源配置效率评价结果(调整后)

行业分类	综合效率	纯技术效率	规模效率	规模报酬
节能环保产业	1.000	1.000	1.000	crs
新一代信息技术产业	0.715	0.938	0.853	drs
生物产业	0.572	1.000	0.572	crs
高端装备制造产业	0.729	1.000	0.729	irs
新能源产业	0.893	1.000	0.893	crs
新材料产业	0.702	0.966	0.758	irs
新能源汽车产业	1.000	1.000	1.000	crs
平均值	0.801	0.986	0.829	—

注:irs 为规模报酬递增,drs 为规模报酬递减,crs 为规模报酬不变。

由表 4-22 可以看出,剔除环境因素和随机干扰因素的影响之后,创新资源配置效率产生很大的变化。综合效率平均值由 0.850 下降到 0.801,从纯技术效率和规模效率看,纯技术效率平均值由 0.978 上升到 0.986,而规模效率平均值则由 0.869 下降到 0.829,说明国家财政拨款、地区生产总值、市场开放程度和教育发展水平掩盖了战略性新兴企业的纯技术效率,虚高了规模效率,在这些环境因素的作用之下,尽管有效 DNU 增加,但整体效率仍呈现虚

第四章 战略性新兴产业创新资源配置效率及实证研究

高态势。

在战略性新兴产业七大行业中,节能环保产业和新能源汽车产业这两个行业的3项效率值均为1,处于技术效率前沿面,其投入产出水平在整体上是有效的,同时表明其技术有效和规模有效,即技术、管理水平与生产、经营规模达到了理想程度,创新资源配置实现了优化。其中,节能环保产业作为绿色产业,受到政府部门的大力支持和推进,在各种利好政策的影响下,规模不断扩张,产值不断增加,以年均近40%的增长速度快速发展①,发展前景良好。目前,辽宁拥有国家环境污染静电研究中心、国家燃烧工程技术中心、沈阳环科所等大型环保科研机构;拥有东北大学化工冶金环保工程技术中心和大连理工大学环境工程设计研究院等节能环保技术学科基地;形成鞍山、本溪、抚顺、阜新、朝阳、辽阳、盘锦以矿产资源利用为主,锦州、营口、盘锦、葫芦岛以含油废水、污泥处理及资源化为主,丹东以环保锅炉制造技术为主,沈阳、大连、鞍山以高新技术为主的各具特色的节能环保产业集群。在新能源汽车产业的发展方面,辽宁政府全面贯彻落实发展新能源汽车的国家战略,落实新能源汽车税收优惠政策,建立产业技术联盟,组织实施产业技术创新工程,推进科技成果产业化,完善新能源汽车金融服务体系,使创新资源充分有效地配置,促进产业的快速稳定发展。②

战略性新兴产业七大行业中,生物产业、高端装备制造产业和新能源产业三个行业纯技术效率为1,综合效率不高主要源于规模无效率。其中,生物产业方面,辽宁拥有国家药物临床安全评价中心、天然药物提取分离与工业制备工程技术中心、药物代谢与药物动力学研究重点实验室等,这些技术中心和重

---

① 乔芳丽,杨军,侯强等. 辽宁战略性新兴产业选择评价研究[J]. 沈阳工业大学学报(社会科学版),2010(3):268-273.
② 辽宁人民政府办公厅. 关于加快新能源汽车推广应用的实施意见辽政办发(2015)55号[EB/OL]. 辽宁政府网,http://www.lnzfbgt.gov.cn/,2015-06-24/2015-06-27.

点实验室为辽宁制药产业的发展提供了重要的技术支持,沈阳三生制药公司、沈阳协和生物制药公司等企业的产品和技术居于国内外领先水平,所以生物产业技术水平和技术效率较高。随着大连双 D 港国家生物制药产业基地的建设,辽宁医药研发、生物制药的产业集聚规模越来越大,但不难看出,生物产业作为高技术、高投入、高风险和高收益的产业,其产业集中度较低,尚未形成规模效应,科技人力、财力和物力资源不集中,资源分配不合理,资源使用效率低下等,使得生物产业总体效率不高。在高端装备制造产业方面,目前有部分企业具有高精尖的技术特征,一些技术达到世界领先水平,但是高端装备制造产业存在基础研发能力低、工业化水平落后、产业结构不合理等问题,尤其是以其为基础的很多大企业存在产业规模大、市场运行能力差、大冗繁等问题,使得其规模效率处于递减的状态。在新能源产业方面,风能、光伏、生物能、水电及核电是战略性新兴产业中重点发展的能源产业,相关技术条件非常成熟,但是重复建设、资源浪费的现象较为严重。

其他行业在纯技术效率或者规模效率方面存在不同程度的无效率,总体来看,七大行业的无效率主要来源于规模无效,纯技术无效相对较低,说明创新资源总体配置效率不高。

四、创新资源配置的主体效率分析

根据前文建立的分析框架,创新资源配置主体包括政府、企业、高校、科研机构、科技中介服务机构等。在此,我们只对其中企业、高校和科研机构三个主要利益主体的创新资源配置效率进行分析,分析结果如下:

(一)第一阶段:传统 DEA 评价

利用传统 DEA 投入导向 BCC 模型和 CCR 模型,运用 DEAP 2.1 软件对战略性新兴产业中三个利益主体在具体的产学研合作项目中创新资源配置效率进行分析,得到的评价结果如表 4-23 所示。

表4-23 战略性新兴产业利益主体创新资源配置效率评价结果

利益主体	综合效率	纯技术效率	规模效率	规模报酬
企业	0.852	0.945	0.902	drs
高校	0.813	0.910	0.893	irs
科研机构	1.000	1.000	1.000	crs
平均值	0.888	0.952	0.932	—

注：irs为规模报酬递增，drs为规模报酬递减，crs为规模报酬不变。

由表4-23可以看出，在不考虑外部环境因素和随机误差的情况下，辽宁战略性新兴产业中上利益主体创新资源配置综合效率平均值为0.888，纯技术效率平均值为0.952，规模效率平均值为0.932。三项效率值的平均值均不为1，其中，纯技术效率平均值较高，为0.952，说明平均来看，辽宁的大部分战略性新兴产业管理和技术因素水平较高。

(二) 第二阶段：SFA回归分析

应用SFA方法进行回归分析，需要首先确定外在环境变量。本书研究选取中央财政拨款、地区生产总值、市场开放度和教育发展水平作为环境变量，将它们作为解释变量，第一阶段创新资源投入冗余量作为被解释变量，构建SFA回归模型，以分离外在环境变量对效率的影响。

利用经济统计软件Frontier 4.1对模型的相关参数进行极大似然估计，得到的回归结果如表4-24所示。

表4-24 第二阶段SFA回归结果

被解释变量	常数项	解释变量			
		中央财政拨款	地区生产总值	市场开放程度	教育发展水平
	α_0	α_1	α_2	α_3	α_4
研发人员数量松弛变量	0.082*	-0.529	-0.875**	-2.149	-1.056***
研发人员研发能力松弛变量	0.003	-0.012**	-0.134	-0.512**	-2.825***

续表

被解释变量	常数项	解释变量			
		中央财政拨款	地区生产总值	市场开放程度	教育发展水平
	α_0	α_1	α_2	α_3	α_4
研发经费支出总额松弛变量	6.452**	-3.053*	-1.336	-1.276**	-0.394**
研发经费充裕程度松弛变量	2.312**	-5.122**	-4.562***	2.765***	-0.125
研发设备投入额松弛变量	1.256	-3.467**	-3.325**	-2.056**	-1.323*
市级以上实验室或研发中心松弛变量	2.563**	-6.253**	-1.297*	3.587	-2.564**
该行业的核心技术松弛变量	0.023	0.836*	-2.337**	0.035	-2.138**
独特的生产工艺或技术松弛变量	0.879	-1.228	-2.366**	1.325**	3.257

注：***、**和*分别表示在1%、5%和10%水平上具有显著性。

由表4-24可以看出，SFA回归模型系数绝大多数通过了T检验，说明除了管理和技术因素外，环境和随机干扰因素是导致投入松弛的重要原因，也验证了进行第二阶段分析的必要性。

回归模型中的四个外在环境变量对八种投入松弛变量的系数大部分能通过显著性检验，说明外在环境变量对战略性新兴产业三个利益主体创新资源投入存在显著影响，进行第二阶段的SFA回归分析是非常有必要进行的。

考察各个外在环境变量对创新资源投入松弛变量的回归系数，如果回归系数为负数，则表示增加环境变量值有利于减少投入松弛变量，即有利于减少各种创新资源投入的浪费或降低负的产出；反之，如果回归系数为整数，则表示增加环境变量将会增加投入松弛变量，从而导致各种创新资源投入变量的浪费或减少产出。由表4-24可以看出，各个环境变量对创新资源投入松弛变量的回归系数大部分为负数，说明各个环境变量对大部分创新资源投入具有正向作用，对少数部分创新资源投入具有负向作用。

（三）第三阶段：调整后的DEA

对战略性新兴产业三个利益主体创新资源投入进行调整后，再次对调整后的创新资源投入和产出进行 BCC 模型和 CCR 模型分析,分析结果如表 4-25 所示。

表 4-25　战略性新兴产业利益主体创新资源配置效率评价结果(调整后)

利益主体	综合效率	纯技术效率	规模效率	规模报酬
企业	0.843	1.000	0.843	crs
高校	0.792	0.932	0.850	irs
科研机构	1.000	1.000	1.000	crs
平均值	0.878	0.977	0.898	—

注:irs 为规模报酬递增,drs 为规模报酬递减,crs 为规模报酬不变。

由表 4-25 可以看出,剔除环境因素和随机干扰因素的影响之后,创新资源配置效率产生很大的变化。综合效率平均值由 0.888 下降到 0.878,纯技术效率平均值由 0.952 上升到 0.977,而规模效率平均值则由 0.932 下降到 0.898,说明国家财政拨款、地区生产总值、市场开放程度和教育发展水平大大掩盖了战略性新兴企业的纯技术效率,虚高了规模效率,在这些环境因素的影响下,整体效率呈现虚高态势。

在战略性新兴产业三个利益主体中,科研机构的创新资源配置效率值均为 1,处于技术效率前沿面,其投入产出水平在整体上是有效的,同时表明其技术有效和规模有效,即技术、管理水平与生产、经营规模达到了理想程度,创新资源配置实现了优化。企业的纯技术效率值为 1,综合效率不高主要源于规模无效率。高校在纯技术效率或者规模效率方面都存在不同程度的无效率,其中规模无效率程度大于纯技术无效率的程度,说明创新资源总体配置效率不高。

第五章 战略性新兴产业创新资源配置效率影响因素分析

第一节 创新资源配置总体水平分析

一、创新资源水平分析

在前文中,创新资源水平方面提取四个因子,分别命名为:科技人力资源因子(因子3),科技财力资源因子(因子4),科技物力资源因子(因子1),科技信息资源因子(因子2)。以四个因子占总方差的贡献率为权重系数,得到创新资源水平综合变量为:

创新资源水平 = (0.283×科技人力资源水平 + 0.207×科技财力资源水平 + 0.163×科技物力资源水平 + 0.147×科技信息资源水平) /0.805

创新资源各因子和创新资源综合水平如表5-1所示。

表 5-1 创新资源各因子及创新资源综合水平

企业代码	科技人力资源水平	科技物力资源水平	科技财力资源水平	科技信息资源水平	创新资源综合水平
1	0.938	-1.032	-0.469	0.280	0.057
2	-0.598	2.475	-0.019	-0.960	0.107
3	0.067	-0.263	-0.477	-0.320	-0.211
4	-0.554	-0.092	-0.989	-0.219	-0.511
5	-1.924	-0.532	-1.109	1.027	-0.894
6	-0.772	-0.174	-0.676	-0.881	-0.646
7	-0.843	0.288	-0.607	-0.979	-0.578
8	-0.529	-0.271	0.491	-0.959	-0.293
9	1.107	-0.770	-0.377	-0.955	-0.031
10	-0.856	0.181	-0.629	-0.313	-0.489
11	-2.725	-0.621	-0.207	1.602	-0.861
12	0.407	0.785	1.144	1.562	0.884
13	0.313	-0.540	1.672	-0.056	0.422
14	0.046	-0.156	0.796	-0.555	0.088
15	-0.404	0.240	0.364	-1.665	-0.307
16	0.746	-0.158	1.262	-2.295	0.140
17	1.204	-1.187	0.887	0.279	0.469
18	1.020	-0.847	1.736	1.715	0.953
19	0.192	-0.141	0.299	0.648	0.235
20	-0.814	-0.161	0.164	-1.566	-0.568
21	0.511	-0.486	-0.255	0.677	0.142
22	-0.790	-0.214	0.086	-0.908	-0.470
23	0.604	0.028	1.218	0.518	0.630
24	0.506	0.802	-0.288	0.433	0.348
25	0.382	-0.359	1.852	-0.623	0.427
26	-0.181	1.996	1.740	1.401	1.043
27	0.451	0.844	-0.134	0.471	0.384
28	1.212	-0.243	0.580	-0.034	0.527
29	0.152	0.922	0.637	-0.769	0.264
30	0.209	-1.065	-1.456	2.147	-0.123

续表

企业代码	科技人力资源水平	科技物力资源水平	科技财力资源水平	科技信息资源水平	创新资源综合水平
31	-1.178	-0.918	-0.712	0.997	-0.608
32	-0.366	0.291	-0.848	1.902	0.057
33	0.206	0.895	0.918	0.361	0.557
34	1.205	0.204	-0.530	-1.793	0.009
35	0.725	4.202	-1.018	1.146	1.058
36	-1.044	1.148	0.317	-1.154	-0.270
37	-0.085	1.103	1.721	0.931	0.805
38	0.848	-0.385	0.769	0.561	0.526
39	0.830	-1.066	-0.609	0.820	0.074
40	-0.453	1.690	0.938	0.352	0.486
41	-1.399	1.623	-0.310	-0.607	-0.363
42	-0.909	-0.485	0.439	0.156	-0.282
43	-0.644	-0.957	0.765	1.489	0.044
44	-0.022	-0.976	0.609	0.786	0.095
45	-2.968	-0.349	-1.009	-0.169	-1.423
46	-0.588	-0.600	0.591	-0.889	-0.342
47	-0.107	-0.753	0.752	0.103	0.021
48	0.656	-0.662	1.079	-1.012	0.193
49	-0.177	-0.807	-0.398	0.322	-0.270
50	1.266	-0.977	0.122	-0.322	0.228
51	-0.225	-0.849	-0.283	-0.314	-0.383
52	0.379	-0.659	-1.042	-0.290	-0.319
53	3.069	0.855	-2.524	0.040	0.629
54	0.991	-0.003	-1.058	-1.044	-0.109
55	-0.417	-0.259	-1.046	-1.427	-0.731
56	0.603	-0.809	-1.352	0.424	-0.218
57	-0.377	-0.465	-1.130	-0.745	-0.656
58	1.107	0.717	-2.384	0.672	0.051

二、科技产出水平分析

在前文中科技产出水平方面提取两个因子,分别命名为:知识产出因子(因子2),经济产出因子(因子1)。以两个因子占总方差的贡献率为权重系数,得到科技产出水平综合变量为:

科技产出水平 = (0.448×知识产出水平 + 0.500×经济产出水平)/0.948

科技产出各因子和科技产出综合水平如表5-2所示。

表5-2 科技产出各因子及科技产出综合水平

企业代码	知识产出水平	经济产出水平	创新资源综合水平
1	-0.227	0.175	-0.037
2	-0.418	3.103	1.246
3	-0.470	-0.221	-0.352
4	-0.324	0.031	-0.157
5	-0.019	-0.409	-0.203
6	-0.748	-0.430	-0.598
7	-0.691	0.210	-0.265
8	-0.523	-0.512	-0.518
9	-0.359	-0.562	-0.455
10	-0.643	1.243	0.248
11	-0.149	-0.381	-0.259
12	0.112	0.314	0.207
13	-0.496	-0.525	-0.510
14	-0.570	-0.256	-0.421
15	-0.408	-0.273	-0.344
16	-0.476	-0.456	-0.467
17	-0.379	-0.547	-0.458
18	1.124	-0.527	0.344

续表

企业代码	知识产出水平	经济产出水平	创新资源综合水平
19	-0.037	0.120	0.037
20	-0.412	-0.230	-0.326
21	-0.564	0.914	0.134
22	-0.778	-0.064	-0.440
23	-0.329	-0.305	-0.317
24	0.892	1.059	0.971
25	0.834	-0.355	0.272
26	3.588	-0.251	1.773
27	-0.265	-0.230	-0.249
28	-0.594	-0.041	-0.333
29	-0.263	-0.178	-0.223
30	2.388	-0.727	0.916
31	0.078	-0.578	-0.232
32	4.819	-0.427	2.340
33	-0.398	1.455	0.478
34	0.562	-0.007	0.293
35	1.217	5.253	3.124
36	-0.852	2.479	0.722
37	-0.167	0.216	0.014
38	-0.327	-0.330	-0.328
39	-0.563	-0.413	-0.492
40	0.978	-0.210	0.417
41	-0.475	0.296	-0.111
42	-0.664	-0.426	-0.552
43	-0.656	-0.527	-0.595
44	0.899	-0.589	0.196
45	-0.279	-0.513	-0.390
46	-0.338	-0.500	-0.415
47	-0.068	-0.522	-0.282
48	-0.307	-0.571	-0.432
49	-0.069	-0.505	-0.275

续表

企业代码	知识产出水平	经济产出水平	创新资源综合水平
50	-0.497	-0.518	-0.507
51	-0.359	-0.558	-0.453
52	-0.015	-0.540	-0.263
53	0.117	-0.204	-0.034
54	-0.425	-0.150	-0.295
55	-0.455	-0.407	-0.432
56	-0.129	-0.395	-0.255
57	-0.325	-0.346	-0.335
58	-0.098	-0.150	-0.123

第二节 创新资源配置影响因素水平分析

一、宏观影响因素水平分析

在前文中宏观影响因素水平方面提取四个因子，分别命名为：政策因素因子（因子2），经济因素因子（因子3），市场因素因子（因子4），文化因素因子（因子1）。以四个因子占总方差的贡献率为权重系数，得到宏观影响因素水平综合变量为：

宏观影响因素水平 = （0.197×政策因素水平 + 0.188×经济因素水平 + 0.177×市场因素水平 + 0.220×文化因素水平）/0.782

宏观影响因素各因子和宏观影响因素综合水平如表5-3所示。

表5-3　宏观影响因素各因子及宏观影响因素综合水平

企业代码	政策因素水平	经济因素水平	市场因素水平	文化因素水平	宏观影响因素综合水平
1	0.250	-0.430	-1.497	0.607	-0.292
2	-1.329	0.281	-0.584	1.678	0.002
3	1.484	1.375	-1.231	-0.100	0.283
4	-0.338	-1.534	1.205	0.242	-0.027
5	-0.644	-0.004	0.444	-1.313	-0.345
6	-0.784	0.002	-0.256	-1.251	-0.549
7	-1.128	1.121	0.719	-0.236	0.120
8	1.002	-0.453	0.469	-0.308	0.184
9	1.123	-0.039	-2.229	1.509	0.014
10	0.091	0.193	-1.080	0.035	-0.219
11	-0.486	-1.179	0.491	-1.163	-0.514
12	1.096	1.275	-0.513	-0.401	0.292
13	-1.320	-1.092	-0.787	0.000	-0.750
14	2.015	-0.069	-0.382	-0.200	0.296
15	0.236	0.157	-1.426	0.325	-0.217
16	-0.653	-1.199	-0.082	1.868	0.018
17	-0.522	-1.502	-0.792	0.295	-0.586
18	-0.073	0.656	2.211	0.399	0.814
19	2.072	-0.656	-0.390	-0.057	0.215
20	-1.128	-0.895	-0.474	1.690	-0.173
21	-1.384	-0.011	-0.164	1.819	0.073
22	0.510	-0.351	-0.707	-0.195	-0.195
23	-0.727	-0.586	-0.264	-1.107	-0.630
24	-0.781	-0.935	-0.185	1.139	-0.157
25	-0.884	0.590	-0.311	-1.257	-0.461
26	1.759	0.205	0.051	1.612	0.848
27	0.549	1.847	0.292	1.032	0.851
28	0.451	0.410	-0.194	-1.307	-0.174
29	-0.644	-0.004	0.444	-1.313	-0.345
30	1.145	-1.651	-0.111	0.510	-0.001

续表

企业代码	政策因素水平	经济因素水平	市场因素水平	文化因素水平	宏观影响因素综合水平
31	-0.784	0.002	-0.256	-1.251	-0.549
32	0.808	0.574	1.424	0.238	0.748
33	0.199	-1.694	2.242	0.836	0.482
34	0.410	0.237	-0.762	-0.201	-0.108
35	1.743	-0.414	1.065	-0.324	0.518
36	2.072	-0.656	-0.390	-0.057	0.215
37	-1.153	2.003	-0.272	0.696	0.262
38	-1.027	0.533	0.774	-0.230	0.032
39	-1.286	0.281	-0.521	1.540	-0.004
40	-0.778	0.237	2.120	0.492	0.560
41	-1.873	1.525	-1.688	0.464	-0.442
42	-0.101	-1.836	1.314	-1.514	-0.431
43	-0.792	-1.692	-1.050	-1.378	-1.160
44	-0.236	-1.272	-0.199	0.316	-0.306
45	-0.351	-0.394	0.812	0.382	0.144
46	0.623	0.699	-0.492	-0.294	0.091
47	0.965	-0.602	1.471	0.388	0.579
48	0.350	-1.018	-1.442	0.613	-0.379
49	-0.727	-0.586	-0.264	-1.107	-0.630
50	0.205	1.154	-0.235	-1.603	-0.152
51	-1.114	2.033	0.838	0.205	0.458
52	0.858	1.277	-0.796	-2.336	-0.302
53	0.808	0.574	1.424	0.238	0.748
54	-0.568	-0.564	-0.105	-1.225	-0.574
55	-0.884	0.590	-0.311	-1.257	-0.461
56	1.023	1.543	0.684	1.210	1.042
57	0.830	0.700	-0.205	0.211	0.337
58	-0.174	1.244	2.156	0.393	0.902

二、微观影响因素水平分析

在前文中微观影响因素水平方面提取三个因子,分别命名为:网络参与度因子(因子1),网络联结度因子(因子3),网络平稳度因子(因子2)。以三个因子占总方差的贡献率为权重系数,得到微观影响因素水平综合变量为:

微观影响因素水平 = (0.311×网络参与度水平+0.181×网络联结度水平+0.284×网络平稳度水平)/0.776

微观影响因素各因子和微观影响因素综合水平如表5-4所示。

表5-4 微观影响因素各因子及微观影响因素综合水平

企业代码	网络参与度水平	网络联结度水平	网络平稳度水平	微观影响因素综合水平
1	-1.691	0.678	-0.957	-0.653
2	1.092	0.000	1.530	0.795
3	1.656	1.874	-1.574	0.982
4	-1.296	1.877	0.188	0.211
5	0.049	0.275	0.163	0.158
6	-0.202	-1.252	0.209	-0.491
7	0.426	-0.604	2.452	0.522
8	0.598	1.333	0.477	0.839
9	-0.489	0.853	-1.323	-0.193
10	-1.340	2.240	-0.336	0.204
11	-0.238	-1.710	-0.973	-0.948
12	1.293	0.302	-0.042	0.619
13	-1.085	-1.765	-0.805	-1.268
14	0.549	-2.645	-0.381	-0.836
15	-1.691	0.678	-0.957	-0.653
16	-0.666	0.330	0.407	-0.051
17	-1.410	-0.080	-0.239	-0.650

续表

企业代码	网络参与度水平	网络联结度水平	网络平稳度水平	微观影响因素综合水平
18	0.044	-0.382	0.497	-0.006
19	0.549	-2.645	-0.381	-0.836
20	-1.108	-0.234	2.118	-0.036
21	-0.666	0.330	0.407	-0.051
22	-1.153	0.101	0.530	-0.302
23	-0.899	-1.190	-0.114	-0.823
24	-0.232	-1.065	-1.041	-0.726
25	-0.856	-0.436	0.319	-0.428
26	1.464	0.342	0.403	0.806
27	1.047	1.452	-0.148	0.917
28	0.262	0.168	0.770	0.346
29	-0.103	0.308	-0.278	0.006
30	-0.643	0.079	-0.500	-0.345
31	-0.461	-0.810	-1.985	-0.944
32	-0.421	0.268	-0.642	-0.220
33	-1.720	0.446	2.125	-0.031
34	0.802	0.396	0.991	0.698
35	0.802	0.396	0.991	0.698
36	1.292	1.391	-1.196	0.748
37	1.968	-0.831	-1.629	0.105
38	0.175	-0.302	-0.492	-0.155
39	-0.127	-0.423	0.052	-0.194
40	0.881	-0.001	-0.348	0.271
41	0.990	1.270	-0.653	0.709
42	-1.230	0.323	0.027	-0.368
43	-0.609	-0.606	1.002	-0.232
44	1.043	-0.323	0.276	0.364
45	0.496	-0.382	1.868	0.495
46	1.784	-0.910	-0.985	0.152
47	0.298	-0.081	-0.731	-0.081
48	-1.691	0.678	-0.957	-0.653

续表

企业代码	网络参与度水平	网络联结度水平	网络平稳度水平	微观影响因素综合水平
49	-0.461	-0.810	-1.985	-0.944
50	0.617	1.406	0.481	0.874
51	-0.131	-1.217	1.052	-0.252
52	0.811	-0.223	0.236	0.299
53	-1.160	0.544	-0.556	-0.395
54	0.624	0.799	-0.540	0.417
55	-1.021	-0.908	0.696	-0.579
56	1.047	0.335	-0.057	0.529
57	1.162	0.221	0.947	0.768
58	0.978	0.142	1.591	0.815

第三节 创新资源配置影响因素的路径分析

一、宏观影响因素分析

宏观影响因素与科技产出之间的回归分析，是对前面提出的假设 $H1_{11}$、$H1_{12}$、$H1_{21}$、$H1_{22}$、$H1_{31}$、$H1_{32}$、$H1_{41}$ 和 $H1_{42}$ 的验证。

（一）宏观影响因素对知识产出的影响

宏观影响因素的四个维度与知识产出之间的回归分析结果如表 5-5、表 5-6 和表 5-7 所示。

第五章 战略性新兴产业创新资源配置效率影响因素分析

表5-5 宏观影响因素与知识产出回归模型

模型	R	R^2	调整后的 R^2	估计标准误差	D-W 值
1	0.824	0.679	0.655	0.435	1.873

注：①解释变量：（常数项），Macpol，Maceco，Macmar，Maccul。②被解释变量：Outkno。

表5-6 宏观影响因素与知识产出方差分析

模型	方差来源	偏差平方和	df.	均方差	F 值	Sig.
1	回归	46.962	4	11.741	62.122	0.000
	残差	10.038	53	0.189		
	总和	57.000	57			

注：①解释变量：（常数项），Macpol，Maceco，Macmar，Maccul。②被解释变量：Outkno。

表5-7 宏观影响因素对知识产出回归系数

模型	变量	非标准化的回归系数		标准化的回归系数	t 值	Sig.	共线性统计	
		B	标准误差	Beta			容忍度	VIF
1	（常数项）	-6.118E-17	0.124		0.000	1.000		
	Macpol	0.423	0.125	0.423	3.382	0.002	1.000	1.000
	Maceco	0.267	0.125	0.267	2.141	0.037	1.000	1.000
	Macmar	0.310	0.125	0.310	2.480	0.017	1.000	1.000
	Maccul	0.280	0.125	0.280	2.243	0.029	1.000	1.000

注：被解释变量：Outkno。

由表5-5可以看出，回归模型调整后的决定系数 $R^2 = 0.655$，即模型能解释因变量的比例为65.5%。回归模型中 D-W 值为1.873，比较接近2，所以不存在严重的一阶序列相关问题，符合线性回归分析的前提假设。由表5-6可以看出，回归模型的 F 统计量为62.122，Sig. 值为0.000，回归模型有统计学意义。由表5-7可以看出，在回归模型中，自变量的标准化回归系数其 t 检验值的显著性水平 Sig. 值分别为0.002、0.037、0.017和0.029，小于0.05，说明回归系数显著。同时各变量的 VIF 值均为1.000，远远小于10的水平，说明不存在序列自相关。四个宏观影响因素对知识产出的回归系数均为正数,因此假设 $H1_{11}$、$H1_{21}$、$H1_{31}$ 和 $H1_{41}$ 均得到验证。政策因素、经济因素、市场因素和文化因素对知识产出的回归系数分别为:0.423、0.267、0.310 和 0.280,其中政策因素对知识产出影响最大,其次是市场因素,最后是经济因素和文化因素。

(二)宏观影响因素对经济产出的影响

宏观影响因素的四个维度与经济产出之间的回归分析结果如表5-8、表5-9和表5-10所示。

表5-8　宏观影响因素与经济产出回归模型

模型	R	R^2	调整后的 R^2	估计标准误差	D-W 值
1	0.970	0.940	0.935	0.255	1.753

注:①解释变量:(常数项),Macpol,Maceco,Macmar,Maccul。②被解释变量:Outeco。

表5-9　宏观影响因素与经济产出方差分析

模型	方差来源	偏差平方和	df.	均方差	F 值	Sig.
1	回归	53.568	4	13.392	206.031	0.000
	残差	3.432	53	0.065		
	总和	57.000	57			

注:①解释变量:(常数项),Macpol,Maceco,Macmar,Maccul。②被解释变量:Outeco。

表5-10　宏观影响因素对经济产出回归系数

模型	变量	非标准化的回归系数		标准化的回归系数	t 值	Sig.	共线性统计	
		B	标准误差	Beta			容忍度	VIF
1	(常数项)	-8.836E-17	0.132		0.000	1.000		
	Macpol	0.464	0.133	0.464	3.485	0.001	1.000	1.000
	Maceco	0.302	0.133	0.315	2.267	0.023	1.000	1.000
	Macmar	1.645	0.133	1.645	12.371	0.000	1.000	1.000
	Maccul	6.402E-02	0.133	0.064	0.481	0.633	1.000	1.000

注:被解释变量:Outeco。

第五章 战略性新兴产业创新资源配置效率影响因素分析

由表 5 – 8 可以看出，回归模型调整后的决定系数 $R^2 = 0.935$，即模型能解释因变量的比例为 93.5%。回归模型中 D – W 值为 1.753，不是非常接近 2，但是当 $k = 4$、$n = 60$ 时，查 D – W 检验临界值表得 $d_L = 1.444$、$d_U = 1.727$，此处 $n = 58$，其上限临界值 d'_U 与下限临界值 d'_L 比 $n = 60$ 时还要稍小，所以 $d'_U \leqslant DW = 1.753 \leqslant 4 - d'_U$，不存在严重的一阶序列相关问题，符合线性回归分析的前提假设。由表 5 – 9 可以看出，回归模型的 F 统计量为 206.031，Sig. 值为 0.000，回归模型有统计学意义。由表 5 – 10 可以看出，在回归模型中，自变量的标准化回归系数其 t 检验值的显著性水平 Sig. 值分别为 0.001、0.023、0.000 和 0.633，前三个回归系数的显著性水平小于 0.05，说明其回归系数显著。同时各变量的 VIF 值均为 1.000，远远小于 10 的水平，说明不存在序列自相关。四个宏观影响因素对经济产出的回归系数均为正数，因此假设 $H1_{12}$、$H1_{22}$、$H1_{32}$ 和 $H1_{42}$ 均得到验证。其中，政策因素、经济因素和市场因素对知识产出的回归系数分别为：0.464、0.302 和 1.645，其中市场因素对经济产出影响最大，其次是政策因素，然后是经济因素。而文化因素的回归系数其 t 统计量的显著性水平为 $0.633 > 0.05$，所以在其他解释变量不变的情况下，解释变量文化因素对因变量经济产出的影响不显著。

二、微观影响因素分析

微观影响因素与科技产出之间的回归分析，是对前面提出的假设 $H2_{11}$、$H2_{12}$、$H2_{21}$、$H2_{22}$、$H2_{31}$ 和 $H2_{32}$ 的验证。

（一）微观影响因素对知识产出的影响

微观影响因素的三个维度与知识产出之间的回归分析结果如表 5 – 11、表 5 – 12 和表 5 – 13 所示。

表5-11　微观影响因素与知识产出回归模型

模型	R	R²	调整后的R²	估计标准误差	D-W值
1	0.990	0.981	0.980	0.141	1.838

注：①解释变量：(常数项)，Netpar，Netcou，Netste。②被解释变量：Outkno。

表5-12　微观影响因素与知识产出方差分析

模型	方差来源	偏差平方和	df.	均方差	F值	Sig.
1	回归	55.917	3	18.639	931.95	0.000
	残差	1.083	54	0.020		
	总和	57.000	57			

注：①解释变量：(常数项)，Netpar，Netcou，Netste。②被解释变量：Outkno。

表5-13　微观影响因素对知识产出回归系数

模型	变量	非标准化的回归系数		标准化的回归系数	t值	Sig.	共线性统计	
		B	标准误差	Beta			容忍度	VIF
1	(常数项)	-3.686E-17	0.134		0.000	1.000		
	Netpar	0.365	0.135	0.365	2.702	0.008	1.000	1.000
	Netcou	0.323	0.135	0.323	2.395	0.019	1.000	1.000
	Netste	0.303	0.135	0.320	2.243	0.029	1.000	1.000

注：被解释变量：Outkno。

由表5-11可以看出，回归模型调整后的决定系数$R^2=0.980$，即模型能解释因变量的比例为98.0%。回归模型中D-W值为1.838，比较接近2，所以不存在严重的一阶序列相关问题，符合线性回归分析的前提假设。由表5-12可以看出，回归模型的F统计量为931.95，Sig.值为0.000，回归模型有统计学意义。由表5-13可以看出，在回归模型中，自变量的标准化回归系数其t检验值的显著性水平Sig.值分别为0.008、0.019和0.029，小于0.05，说明回归系数显著。同时各变量的VIF值均为1.000，远远小于10的水平，说明不存在序列自相关。三个微观影响因素对知识产出的回归系数均为正数,因此假设 $H2_{11}$、$H2_{21}$ 和 $H2_{31}$ 均得到验证。网络参与度、网络联结度和网络平稳度对知识产出的回归系数分别为:0.365、0.323 和 0.303,其中网络参与度对知识产出影响最大,网络联结度与网络平稳度对知识产出的影响大体相当。

(二)微观影响因素对经济产出的影响

微观影响因素的三个维度与经济产出之间的回归分析结果如表 5 – 14、表 5 – 15 和表 5 – 16 所示。

表 5 – 14 微观影响因素与经济产出回归模型

模型	R	R^2	调整后的 R^2	估计标准误差	D – W 值
1	0.952	0.906	0.901	0.315	1.746

注:①解释变量:(常数项),Netpar,Netcou,Netste。②被解释变量:Outeco。

表 5 – 15 微观影响因素与经济产出方差分析

模型	方差来源	偏差平方和	df.	均方差	F 值	Sig.
1	回归	51.639	3	17.213	173.869	0.000
	残差	5.361	54	0.099		
	总和	57.000	57			

注:①解释变量:(常数项),Netpar,Netcou,Netste。②被解释变量:Outeco。

表 5 – 16 微观影响因素对经济产出回归系数

模型	变量	非标准化的回归系数		标准化的回归系数	t 值	Sig.	共线性统计	
		B	标准误差	Beta			容忍度	VIF
1	(常数项)	-9.569E-17	0.128		0.000	1.000		
	Netpar	0.154	0.130	0.149	1.181	0.255	1.000	1.000
	Netcou	0.338	0.130	0.188	2.603	0.012	1.000	1.000
	Netste	0.384	0.130	0.191	2.951	0.006	1.000	1.000

注:被解释变量:Outeco。

由表 5 - 14 可以看出，回归模型调整后的决定系数 $R^2 = 0.901$，即模型能解释因变量的比例为 90.1%。回归模型中 D - W 值为 1.746，不是非常接近 2，但是当 $k=3$、$n=60$ 时，查 D - W 检验临界值表得 $d_L = 1.480$、$d_U = 1.689$，此处 $n = 58$，其上限临界值 d'_U 与下限临界值 d'_L 比 $n=60$ 时还要稍小，所以 $d'_U \leq DW = 1.746 \leq 4 - d'_U$，所以不存在严重的一阶序列相关问题，符合线性回归分析的前提假设。由表 5 - 15 可以看出，回归模型的 F 统计量为 173.869，Sig. 值为 0.000，回归模型有统计学意义。由表 5 - 16 可以看出，在回归模型中，自变量的标准化回归系数其 t 检验值的显著性水平 Sig. 值分别为 0.255、0.012 和 0.006，后两个回归系数的显著性水平小于 0.05，说明其回归系数显著。同时各变量的 VIF 值均为 1.000，远远小于 10 的水平，说明不存在序列自相关。三个微观影响因素对经济产出的回归系数均为正数，因此假设 $H2_{11}$、$H2_{21}$ 和 $H2_{31}$ 均得到验证。其中，网络联结度与网络平稳度对经济产出的回归系数分别为：0.338 和 0.384。而网络参与度的回归系数其 t 统计量的显著性水平为 0.255 > 0.05，所以在其他解释变量不变的情况下，解释变量网络参与度对因变量经济产出的影响不显著。

三、影响路径分析

利用 SPSS 统计软件，得到宏观影响因素和微观影响因素对科技产出的影响。以回归系数为路径系数，得到各种影响因素对科技产出影响的路径，如图 5 - 1 所示。

根据图 5 - 1 中所反映的路径系数，各种影响因素对知识产出的影响分别为 0.423、0.267、0.310、0.280、0.365、0.323 和 0.303；各种影响因素对经济产出的影响分别为 0.464、0.302、0.165、0.064、0.154、0.338 和 0.384。表示当政策因素、经济因素、市场因素和文化因素水平每提高一个标准单位，知识产出水平分别提高 0.423、0.267、0.310 和 0.280 个标准单位；当产学研合作体系中网络参与度、网络联结度和网络平稳度水平每提高一个标准单位，知识产出水平分别提高 0.365、0.323 和 0.303 个标准单位。当政策因素、经济因素、市场因素和文化因素水平每提高一个标准单位，经济产出水平分别提高 0.464、0.302、0.165 和 0.064 个标准单位；当产学研合作体系中网络参与度、网络联结度和网络平稳度水平每提高一个标准单位，经济产出水平分别提高 0.154、0.338 和 0.384 个标准单位。

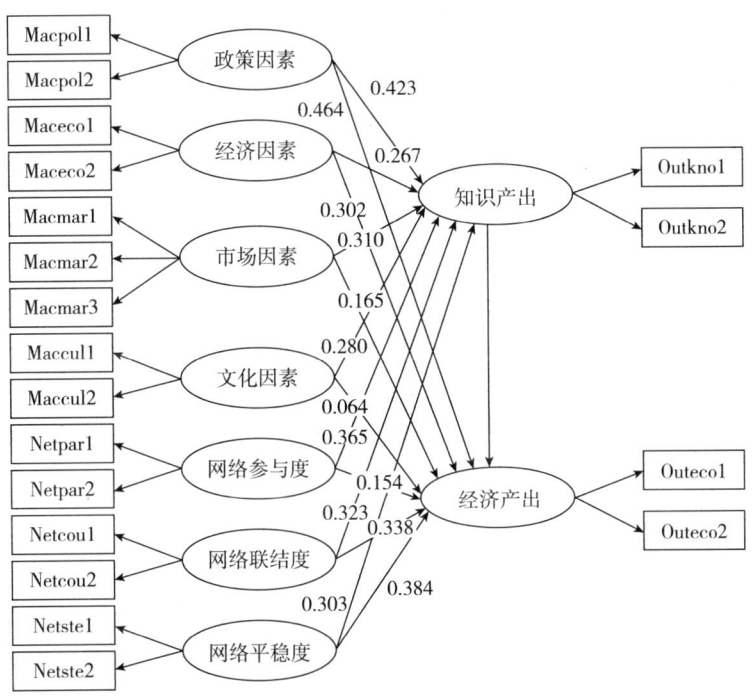

图 5-1　各种影响因素对科技产出影响的路径

第六章　辽宁战略性新兴产业创新资源优化配置的路径选择及对策建议

第一节　创新资源优化配置的基本选择模式及衍生路径分析

一、基本选择模式

辽宁战略性新兴产业创新资源配置效率整体不高，创新资源不能有效整合，科技成果不能及时转化，造成大量的重复投资和建设，从而制约了战略性新兴产业创新能力的持续提升。造成这种状况的宏微观因素很多，但从根本上来看，关键是缺乏明确的创新资源配置模式。如何通过行政手段或者市场方式对创新资源进行挖掘、合并、转移和重组，使资源配置能够满足特定需要，并促进产业的迅速发展是至关重要的。

（一）学研资源开放模式

高等院校是国家知识创新的基地，作为高技术的创造者和拥有者，对高技术向传统产业渗透和战略性新兴产业发展起着重要作用。高等院校作为独立的事业性质组织,尤其是一些国家重点建设的高校,为促进其创新发展和科研建设国家每年投入大量的资金,一些高等院校承担了国家或地区重点发展项目的研究与开发任务,除了拥有大量的重点实验室和工程研究中心外,往往依托本校的实力建立了大学科技园,它们往往掌握着特定地区多数的、最先进的创新资源。而国有科研机构进行一些基础性、战略性和前瞻性的研究工作。该类研究是高等院校分散的、自由探索式的研究力所不能及的,是企业在有限期限内由于没有既定的回报而不愿意从事的。所以推进高等院校和科研机构创新资源对社会有序开放,可以极大地促进高等院校和科研院所创新资源与相关产业相结合,实现高等院校和科研院所与企业之间的强强合作、优势互补。①

(二) 行业资源集聚模式

战略性新兴产业的资源集聚可以看作新兴产业的集聚化或高技术的产业集聚,它是战略性新兴产业领域内相互关联的各种创新主体在一定的地理位置上的集聚,形成结构完整、系统健全、环境支持、充满活力的体系。战略性新兴产业资源集聚必须具备相应的科技人力、财力、物力和信息资源,且需要输入大量的高素质人才、先进的高技术含量的科研设备。各个子系统之间相互作用,而且这些作用是非线性的,不满足叠加原理,这样在集聚过程中才会涌现出新的性质。正是创新资源集聚与外部环境之间的非线性作用,使集聚与相关主体产生整体行为,通过交叉、突变,产生新的特性和优势,并反作用于各子系统,产生协同效应。资源集聚的形成和发展依赖于创新资源要素、社会经济环境、相关支持性产业的协调共存,包括主导产业政策、财政金融支持、共性资源供给、社会公共服务组织及中介组织配套等,离开政府、行业管理部门以

---

① 刘琴. 基于资源配置效率的沈阳市创新资源整合对策研究 [D]. 沈阳:沈阳理工大学硕士学位论文,2011.

及行业协会的组织协调很难实现有机组合。

(三) 孵化基地资源协同模式

作为创业企业的孵化平台,孵化基地的核心作用在于整合各类优势资源。目前,战略性新兴产业中大部分创业孵化基地都是由政府投资建设并管理的,投融资环境较差,运营管理体制机制不健全;基地的建设缺乏统筹规划,部门间的协作共建机制尚未建立,使资源整合难度大大加大;孵化体系不完善,孵化基地的入驻企业在规模上缺乏层次,在产业分布上不尽合理,一些基地虽然实现了创业企业的集聚,但是还未达到产业集聚的效果;孵化服务能力较低,一些基地只是为入驻企业提供物业属性的基本服务,而对企业的发展壮大更有效果的市场拓展服务、项目对接服务、投融资服务、创业导师服务等增值型服务数量少质量低,还远远不能满足在孵企业的实际需求。所以针对上述存在的问题,战略性新兴产业在下一步推进孵化基地建设的过程中,需注意以下三点:首先,充分发挥市场配置社会资源的决定性作用,引导和鼓励社会资本投资兴办孵化基地,也可以采用政府与社会资本合作的模式建设孵化基地,在保证孵化基地公益性和盈利能力的基础上,进一步创新运营机制,提高孵化能力。其次,针对不同规模、不同类型、不同创业阶段的企业特点及需求,探索建立从创业苗圃(大学生创业见习基地)到孵化基地,再到创业企业加速器,最后到工业园区(产业园)的多层次孵化链条。在打造多层次孵化链条的基础上,再分类指导各类基地结合在孵项目的特点,重点加强孵化功能建设,丰富和完善服务内容。①

(四) 中介机构资源整合模式

推动战略性新兴产业向纵深方向发展,必须探索有效的科技与市场经济相

---

① 叶茂. 对推进全省创业孵化基地建设的几点思考 [EB/OL]. http://www.hnrst.gov.cn/web/rltzww/tszl/qnlt/201507/t20150715_1797252.html, 2015 - 07 - 15/2015 - 07 - 17.

衔接的中介服务机构资源整合模式。可以将战略性新兴产业所属的情报研究所、科教中心、专利事务所、技术市场办、经济技术开发中心、节能中心服务中心以及相关的科技型企业组织起来，进行有效整合，充分发挥各成员的优势，实现优势互补，资源共享，进一步开拓服务领域，拓展服务市场，建立和完善服务规范。中介服务机构可以提供电子化的信息服务、信息技术服务、技术咨询与技术市场服务、培训服务、新技术推广服务、翻译服务等。①

二、衍生路径分析

创新资源的集聚产生了产业集群创新效应。战略性新兴产业集群是集群的一种特殊形式，它是指某些战略性新兴企业通过示范效应和辐射作用，吸引某一地理区域内其他更多的战略性新兴企业及相关支持服务机构加入而形成的集群②，是多个战略性新兴企业联动发展的网络群体模式。战略性新兴产业集群以战略性新兴企业为核心，以相关辅助机构为支撑，在同一产业或跨产业的地域范围内高度集聚，相互之间存在密切的水平和垂直联系③，从而实现知识、物质、价值在集群内的高速流动，提升价值增值能力。培育战略性新兴产业集群，是引领区域经济跨越发展和转型升级的根本途径。

战略性新兴产业集群是战略性新兴产业进行创新活动的新型组织形式，本质上是由知识的生产、扩散和使用所形成的复杂网络组织。集群内的各利益主体既可作为子系统独立运行，也可通过知识共享、基础设施共享以及政策共享促成战略性新兴产业的集群式协同创新。集群中的各个主体能够从外部环境获取大量的人才、资金、知识和技术等创新资源，并通过各种正式或非正式方式

---

① 李洪辉. 整合社会资源 强化服务功能 [EB/OL]. http://www.docin.com/p-138451852.html, 2011-03-03/2015-01-05.
② 刘志阳, 程海狮. 战略性新兴产业的集群培育与网络特征 [J]. 改革, 2010 (5): 36-42.
③ 李杨, 沈志渔. 战略性新兴产业集群的创新发展规律研究 [J]. 经济与管理研究, 2010 (10): 29-34.

创新资源优化配置研究

有效整合内外各种创新资源,最终提升创新集群的持续创新能力。集群中各创新主体之间的联系以及创新网络中流动的各种创新资源是不断变化的,战略性新兴产业集群会随着内外环境的变化而不断演进、完善和自我更新。

衍生是产业集群发展的必然过程,衍生不仅可以产生新的集群单元,而且可以发展新的产业集群。衍生路径的正确选择对于产业集群的形成和发展起着至关重要的作用,通过集群效应实现创新资源整合与产学研合作,实现创新资源共享。本书提出基于知识链、价值链和物联网的三种战略性新兴产业集群衍生路径。

(一)基于知识链的衍生路径

战略性新兴产业集群知识链是指战略性新兴产业集群内的知识流动所形成的复杂网络体系。在战略性新兴产业集群内,不同的企业位于不同的知识网络节点上,由于知识势差的存在,知识通过学习、转移和扩散在不同节点之间以及企业内部循环流动,并通过知识创新实现知识的增值。知识的增值可以为企业能力提升提供动力,同时通过知识与价值的相互转化实现价值增值,最终达到组织合作"多赢"的协作目标。

战略性新兴产业集群基于知识链的演化路径,将简单的产业集群模式演变成为知识联盟模式。在知识联盟模式下,战略性新兴产业集群内不仅能够实现资源与价值的交互与合作,更重要的是能够实现知识的交互与合作。知识交互与合作为战略性新兴产业集群的协同创新提供了一种更加快捷有效的通道。通过组织之间知识学习、知识共享和知识转移,战略性新兴产业发展成为知识创造的协同共同体,这种共同体相对于产业联盟和价值联盟而言是一种更高层次上的组织形态,是主导战略性新兴产业集群未来发展方向和潜力的重要基础。

(二)基于价值链的衍生路径

价值链是指相互关联但又互不相同的生产经营活动所构成的创造价值的动态过程。大多数企业很少能够独自承担从产品创意到产品销售的全部价值活

第六章 辽宁战略性新兴产业创新资源优化配置的路径选择及对策建议

动,通常要进行分工合作。因此,任何一个企业都是生产产品或提供服务的价值系统中的一部分。价值系统是由企业内外经济活动组成的系统,而不是一些独立活动的简单组合。上下游关联的企业与企业之间存在行业价值链,企业内部各业务单元的联系构成了企业价值链,企业内部各业务单元之间也存在着价值链联结。[①]

在战略性新兴产业集群中,企业的价值链不仅存在于企业内部一系列活动,更重要的是实现了价值链的横向与纵向延伸,价值链的横向延伸形成了同一产业企业之间或不同产业企业之间的战略合作关系,而纵向延伸形成了企业与上下游企业之间,与供应商、经销商、零售商和顾客之间完整的产业价值链。价值链的横向与纵向延伸,在战略性新兴产业集群内形成了一张贯通的价值网络,价值网络内形成错综复杂的价值流转路径,每条路径的每个节点都有可能为某些企业带来价值增值。价值链的纵向延伸和横向拓展带来的价值增值,吸引更多的企业在集群内寻求战略合作,从而促进集群的协同发展。因此,价值链和价值网的价值联系为战略性新兴产业集群提供了一条高效率和可持续的发展路径,是战略性新兴产业集群快速、持续、稳定发展的动力之源。在整个价值链中,不同的战略性新兴企业占据着不同的价值节点,随着集群的发展成熟各个企业的分工也逐渐明确。价值在价值链中流转与增值,形成一个循环路径,战略性新兴企业在这个循环路径中互为输入和输出,同时充当着供应商、制造商、合作者和用户等不同角色,每一种角色都必定会为自身与集群内其他企业带来直接或间接的价值增值。在基于价值链的衍生路径上,战略性新兴产业集群内的各个企业各司其职、各尽其责,各种创新资源协调配置,实现集群的协同发展。

---

① 解学梅,隋映辉. 科技产业集群:价值链及其实现途径 [J]. 科技管理研究,2005 (9): 118-121.

(三) 基于物联网的衍生路径

物联网是通过信息传感设备，将所有物品连接到互联网，实现智能化识别的"整合网络"[①]。通过物联网将不同战略性新兴企业所拥有的各种创新资源整合成一个可视化管理的物质资源库，在这个资源库当中，当利益主体有物质资源需求时，不管资源的所有权归属，都能在一定的合约和交易方式下实现资源共享。在此模式下，资源利用能够实现最大化，资源的价值增值能力得到大大增强。

在物联网络中，战略性新兴产业集群的发展能够最大限度地解决物质资源对企业发展的束缚问题，在物质资源使用权交易和流转的过程中，物质资源也被赋予了与虚拟资源相似的流动性，从而成为产业集群中相关主体之间相互联系的纽带，为产业集群的协同发展提供有效支持。基于物联网的产业集群演化路径其实质是企业战略联盟的回归，其最大的优点是将难以转换的物质资源虚拟化，为物质资源的流动、交互和共享提供必要条件。通过物联网，不同战略性新兴产业的创新资源就可以通过多种新型产业化经营模式实现整合，从而改善现有产业链并催生新的产业链。不同战略性新兴产业的创新资源能够按照最佳的价值增值模式形成新的产业链，这又能够为不同产业间的企业合作带来新的契机，巩固产业间协作基础。在物联网络中，战略性新兴产业集群就能够更加柔性化、智能化、网络化，在动态过程中寻找最优的物质平衡，在创新资源最优化配置中实现利润的最大化。[②]

---

① 王孝军，薛辉. 物联网技术在战略性新兴产业领域应用探讨 [J]. 科技创新与生产力，2010 (7): 53-55.
② 喻登科，涂国平，陈华. 战略性新兴产业集群协同发展的路径与模式研究 [J]. 科学学与科学技术管理，2012 (4): 114-120.

第二节 辽宁战略性新兴产业创新资源优化配置的对策建议

一、实施科技人才培养开发战略

战略性新兴产业是知识密集型产业,对人力资源具有高度的依赖性。目前辽宁人才产业布局不平衡,战略性新兴产业人才缺口大;人才供求不平衡,企业人才短缺与毕业生就业难并存;人才素质结构不平衡,复合型人才严重短缺;人才培养的组成要素作用力不强、不到位,缺乏战略性新兴产业发展必需的前瞻性技术储备,难以培养出高质量、高层次、高水平的战略性新兴产业领军人才。基于此,必须实施强有力的人才培养开发战略。

首先,出台人才培养政策,建立人才协调机构。制定产业人才需求规划、人才评价标准,鼓励产业部门、企业与高校合作培养人才,为实施合作培养人才的企业提供税收减免、项目支持、优先培育等政策。

其次,推进高等教育改革,调整人才培养结构。要建立新的教育体系,进行生产类专业结构调整的研究与实践,做好统筹规划,超前布局培养方向,合理设计培养课程,形成统筹的培养体系,以适应战略性新兴产业对人才培养目标的要求,为战略性新兴产业相关专业高素质人才培养提供保障。

再次,引导校企联合,建立新兴产业人才培养基地。鼓励高校积极与相关行业携手,与有关企业联合,建设特色鲜明、优势明显、校企合作、产学研结合的战略性新兴产业人才培养基地,为战略性新兴产业定向培养技能型、应用型、复合型人才，为产业发展提供人才支撑。

最后，实施高层次人才培养工程，拓展人才培养渠道。围绕整合资源产业发展重点领域、相关产业创新平台建设和重大项目的实施，着力培养造就一批创新能力强、管理水平高的学科带头人和企业管理者，吸引聚集一批高层次的技术和管理人才，形成具有特色的高层次创新人才团队。①

二、建立科技资金投融资体系

战略性新兴产业是知识、技术、资本密集型产业，目前大多数企业处于孕育期和成长期，尚未制定行业标准和规范，尚未形成规模效益。加快战略性新兴产业发展需要强有力的投融资体制机制支撑。目前，战略性新兴产业投融资机制存在很多问题，主要体现在：传统投融资模式与新兴产业发展需求不相适应、产业投融资进入门槛和风险较高、产业融资渠道狭窄且结构不合理、政府调控监管机制建设相对滞后等。所以，完善辽宁战略性新兴产业投融资机制需要做到以下几点：

首先，建立健全战略性新兴产业的投资机制。建立健全投资主体构成机制，包括培育创业投资、风险投资、产业投资基金等金融类企业投资主体；探索建立各类投资主体之间投资合作与协作机制，鼓励企业之间采取合作、合资、联营等方式开展投资经营活动，减少企业分散投资和盲目重复建设；完善战略性新兴产业投资收益回收和风险防控机制，转移企业投资风险。

其次，不断完善战略性新兴产业融资体系。健全股权融资机制，发挥多层次资本市场的融资功能，为战略性新兴企业采取技术交易、股权转让、企业并购等融资活动提供顺畅的渠道；完善债权融资机制，积极发展信托融资、租赁融资、ABS 融资等融资方式，为战略性新兴产业提供融资支持；完善和拓展企

---

① 许荣花. 战略性新兴产业人才培养机制研究 [D]. 荆州：长江大学硕士学位论文，2013.

业内源融资机制，引导和鼓励战略性新兴企业完善利润分配制度，引导和规范企业之间的融资行为。

最后，切实改进战略性新兴产业监管机制。完善政府投融资调控机制，制定战略性新兴产业投融资相关政策；健全对战略性新兴产业投融资活动的激励机制，鼓励金融机构实施"绿色信贷""绿色债券""绿色担保""绿色上市"制度，加大对战略性新兴产业内源和外源融资支持；加强对战略性新兴产业投融资监管力度，不断提升政府投融资监管效率和监管水平。[①]

三、完善科技基础条件平台建设

科技基础条件平台是国家和区域创新体系的重要组成部分，是创新资源整合的基础和载体，为科技活动顺利进行提供物质保障。促进科技基础条件平台的建设，需要在进行整体规划和设计的基础上，利用现代信息网络技术，对大型仪器设备、科学数据、科技文献、网络资源和科技成果转化等进行充分有效整合、重组和优化，充分发挥各类资源的利用潜能。

首先，开展仪器设备共享平台建设。统筹规划相关研究实验资源，制定仪器设备尤其是大型科学仪器设备共享的管理体制和运行模式，形成科学仪器设备协作共用的长效机制，提高仪器设备的综合利用率。

其次，推动科学数据共享平台建设。对地区、行业、企业、产学研合作网络以及相关部门长期持续积累的数据资源进行有效整理、汇总和数据库建设，提高科学数据和创新信息的传递和交换能力，实现各类创新主体的科学数据资源的共享，推进科学数据分级分类共享服务体系建设。

再次，完善科技文献共享平台建设。对各类科技文献资源进行扩充、集成

---

① 汪文祥. 完善我国战略性新兴产业投融资机制的对策建议［J］. 中国经贸导刊，2012（2）：41-43.

和整合，完善科技研究报告和行业发展报告等科技文献资源，加强专利、标准和工艺流程等文献资源库的建设，实现纸质版、电子版和网络版资源的有效互补，建设数字化科技文献资源库，促进战略性新兴产业跨行业、跨区域科技文献网络系统的对接与共享，强化科技文献资源体系结构，逐步建立和完善科技文献资源服务与保障体系。

最后，加快成果转化服务平台建设。提高各类科技中介服务机构的服务水平，构建技术交流、技术交易与成果转化服务平台，提升技术市场的服务水平，促进各类企业孵化器建设，提升高新区和科技园的服务功能，营造科技产业化的良好环境。①②

四、构建政产学研合作协同机制

政产学研合作创新是对产学研合作创新的一个发展。在政产学研合作创新形式中，政府既是规则制定者，也是资源提供者；既是秩序的维护者，也是优胜的选拔者和奖励者。政府引导协调企业、高校和科研机构的创新资源进行有效整合，发挥各自优势，来实现特定的目标。目前，我国官产学研合作创新具有联合攻关、共建研发平台、共建研发实体、共建科技园、整体对接和战略联盟等多种模式。政产学研合作不断深化，结合领域不断拓宽，层次不断提升，持续向深层次、紧密性、实体化方向发展，呈现出多形式、多方位、多层次、多元化的趋势。③ 辽宁战略性新兴产业的政产学研合作由松散型逐渐向紧密型转变、由低层次逐渐向高层次转变、由项目式逐渐向实体化转变。总体来看，目前正在形成以政府为指导、市场为导向、企业为主体、大学为支撑的政产学

---

① 赵光德. 甘肃省区域创新资源整合研究 [D]. 兰州：西北师范大学硕士学位论文，2009.
② 赵强，孙莹，尹永强. 创新资源整合与产学研合作问题研究 [M]. 沈阳：东北大学出版社，2014.
③ 刘海波，李黎明. 官产学研合作创新与知识产权管理的研究 [J]. 科技促进发展，2012（7）：25－30.

研合作协同体系。新形势下，推进政产学研协同创新，需要强调以下几点：

首先，完善政产学研的主体职能。政府应运用经济手段、行政手段和法律手段来引导和推动产学研合作的发展，制定一些优惠的政策促使企业、高校和科研机构在科研活动中相结合，打破彼此之间割裂的格局；企业应提供优惠条件吸引高素质、高技能的人才，也可以与高校进行订单式培养，或者与高校联合，定期给员工进行技能培训和知识教育；深入改革高校和科研机构的科研机制，教师和科研人员应参与到企业的实践中去，与实际相挂钩，在实践中教学，培养与企业相适应的高素质人才。

其次，完善政产学研合作的利益共享和风险分摊机制。随着"共建实体"和"战略联盟"模式的兴起，政产学研合作网络日益复杂，涉及的利益主体众多，其利益分配问题成为制约合作创新的首要问题，因此，必须建立科学合理的利益共享机制。企业通过科研成果获取利益，适当地分配给高校和科研机构，高校和科研机构也可以通过技术入股、技术转让、技术咨询等形式赚取利益。政产学研合作过程中自始至终伴随着风险，任何一方不能独自承担风险，所以政府应该发挥宏观调控的职能，扮演好调控者的角色，将合作过程中所造成的风险损失合理地分配给企业、高校和科研机构，同时政府对风险损失采取一定的补助。

最后，促进政产学研的合作向更多领域和更深层次发展。推动行政官员、企业管理人员、科研人员、商务人员相互协作的人才网络建设，共享各个地区优势资源，真正做到资源共享，优势互补。借鉴国内外发展的经验，政产学研合作走国际化道路，加强同国外著名高校、科研机构、海外企业、跨国公司联合进行产学研项目，吸引国外优秀人才、海归人才，为产学研合作注入新的力量。①

---

① 管理，王润. 青岛市官产学研合作现状及对策 [J]. 价值工程，2012（4）：265-266.

五、优化创新资源整合外部环境

发展环境是科学技术要素的直接构成因子，是促进科技发展的重要基础。随着现代科学社会化程度的提高，建立一个优化的社会支持系统和文化环境氛围极为重要。创新资源整合系统具有开放性和适应性，必须不断与周围环境发生人才、资金、物质和信息的交换。所以，做好外部环境建设是促进创新资源有效整合的重要保障。

首先，完善科技政策措施。从组织、队伍、投入等方面，制定系统的科学技术知识政策。围绕国民经济和社会发展需要，制定促进战略性新兴产业领域的技术政策；强化促进企业创新发展的财税政策、金融政策和知识产权保护政策；继续完善促进技术创新风险投资机制。

其次，健全科技管理体系。注意发挥科技、计划、经济及行业管理部门的作用，加强部门、行业、地方之间的集成与联合，使研究开发与技术推广、企业技术改造、重点工程建设、重大技术引进消化吸收等有机结合；建立"开放、公正、流动、竞争、协作"的运行机制，合理规范科技评价行为；培养一支高水平的科技管理与经营人才队伍，努力在德、才、学、识上下功夫，提高人才的综合素质。

再次，加强科技服务建设。出台优惠政策，鼓励创办各类中介服务机构；组建结构合理、门类齐全、功能完备的科技中介服务网络；充分发挥行业协会的作用，组织开展同业交流、跨行业协作和市场开拓活动。

最后，营造科技创新氛围。通过大力宣传、培训及普及教育，使全社会形成尊重知识、尊重人才的良好氛围，在全社会进一步形成讲科学、爱科学、学科学的浓厚氛围，从而有利于创造性科技成果的产出。尤其是加强对创新资源配置主体的科技意识的培养，使其尊重他人劳动成果，并善于用知识产权制度来维护自身权益。

第七章 研究结论与展望

本书综合运用资源经济学、区域经济学、制度经济学、博弈论、系统科学和优化理论,对创新资源配置相关理论进行深入分析,构建创新资源配置效率及影响因素指标体系和测度模型,对辽宁战略性新兴产业创新资源配置状况进行分析,并根据所得结论提出辽宁战略性新兴产业创新资源优化配置的选择路径和对策建议。

第一节 研究结论

一、关于创新资源配置的概念模型

认为创新资源是科技主体进行科技创新活动的重要基础,是能够直接或间接推动科技进步,进而促进经济和社会发展的一切资源要素的集合;强调创新资源是一种资源要素的集合,从而体现了创新资源的系统性特征;将创新资源划分为:科技人力资源、科技财力资源、科技物力资源和科技信息资源四类;以系统的观点研究创新资源配置的主体、结构、层次、功能、特性及分类等,认为创新资源配置体系是创新资源配置主体在创新资源配置影响因素的驱使下，形成创新资源配置的独特运行机制，科技活动不同主体之间、不同行业之间、不同地区之间、创新的不同过程阶段中分别按照自己的模式实现创新资源整合的系统。

二、关于创新资源配置的主体分析

指出创新资源配置主体主要包括政府、企业、高校、科研机构和科技服务机构；创新资源配置过程中政府、企业、高校、科研机构和科技服务机构五个异质性组织之间具有耦合关系，创新主体之间进行耦合与交流，与外部环境之间进行互动与交换。

三、关于创新资源配置规模与结构

创新资源配置的规模，是指一个国家或地区在一定时期内创新资源配置的总量和强度；创新资源配置结构，是指在科技创新过程中各种创新资源在不同方向上的分配格局，主要包括主体结构、地区结构、行业结构、过程结构和学科结构等，创新资源配置存在多种结构，不同的配置结构其目标和功能各不相同。

四、创新资源配置影响因素、配置机制与运行模式

创新资源配置的宏观影响因素主要包括政治因素、经济因素、市场因素和文化因素；微观影响因素主要包括协同创新网络的参与度、联结度和平稳度；创新资源配置机制主要包括市场配置、制度配置和文化配置，三者的协同作用有助于实现创新资源的优化配置；创新资源配置模式主要包括计划配置模式、市场配置模式和混合配置模式。

五、关于创新资源配置效率及影响因素的评价指标体系和测度模型构建研究

效率测度指标体系的设计主要遵循创新资源配置活动的特点和效率测度的需要,从科技投入和产出两大方面进行指标体系的设计;创新资源配置效率影响因素的选取,从宏观和微观两大方面提出影响创新资源配置效率变化的 14 个基本理论假设,并进行相应的指标体系设计;在效率测度方法的选取及模型的构建中,选择三阶段 DEA 模型进行战略性新兴产业总体效率、行业效率和主体效率的分析;选择回归模型对创新资源配置微观和宏观影响因素进行分析。

六、关于创新资源配置效率测度的实证分析

在企业层面的总体配置效率分析中,58 家企业的无效率主要来源于规模无效,纯技术无效相对较低,说明创新资源总体配置效率不高;行业配置效率分析中,节能环保产业和新能源汽车产业这两个行业的三项效率值均为 1,处于技术效率前沿面,其投入产出水平在整体上是有效的,同时表明其技术有效和规模有效,生物产业、高端装备制造产业和新能源产业三个行业纯技术效率为 1,综合效率不高主要源于规模无效率,其他行业在纯技术效率或者规模效率方面存在不同程度的无效率;主体配置效率分析中,科研机构的创新资源配置效率值均为 1,处于技术效率前沿面,其投入产出水平在整体上是有效的,同时表明其技术有效和规模有效,企业和高校在纯技术效率或者规模效率方面都存在不同程度的无效率,其中规模无效率程度大于纯技术无效率的程度,说明创新资源总体配置效率不高。

七、关于影响创新资源配置效率影响因素分析

四个宏观影响因素对知识产出的回归系数均为正数,政策因素、经济因素、市场因素和文化因素对知识产出的回归系数分别为:0.423、0.267、0.310 和 0.280,其中政策因素对知识产出影响最大,其次是市场因素,然后是经济因素和文化因素;四个宏观影响因素对经济产出的回归系数均为正数,政策因素、经济因素和市场因素对知识产出的回归系数分别为:0.464、0.302 和 1.645,其中市场因素对经济产出影响最大,其次是政策因素,然后是经济因素,而文化因素对经济产出的影响不显著;三个微观影响因素对知识产出的回归系数均为正数,网络参与度、网络联结度和网络平稳度对知识产出的回归系数分别为:0.365、0.323 和 0.303,其中网络参与度对知识产出影响最大,网络联结度与网络平稳度对知识产出的影响大体相当;三个微观影响因素对经济产出的回归系数均为正数,网络联结度与网络平稳度对经济产出的回归系数分别为:0.338 和 0.384,而网络参与度对经济产出的影响不显著。

八、关于创新资源优化配置的路径选择和对策建议

提出创新资源优化配置的四种基本选择模式(学研资源开放模式、行业资源集聚模式、孵化基地资源协同模式和中介机构资源整合模式),提出创新资源优化配置的三条衍生路径(基于知识链的衍生路径、基于价值链的衍生路径和基于物联网的衍生路径),提出创新资源优化配置的五项对策建议(实施科技人才培养开发战略、建立科技资金投资融资体系、完善科技基础条件平台建设、构建政产学研合作协同机制和优化创新资源整合外部环境)。

第二节 研究展望

关于创新资源配置问题的研究是一个备受关注的课题，本书尝试对创新资源配置理论和实践方面进行研究，虽然从多方面展开工作进行深入分析，但由于学识和能力所限，研究结论尚是初步的，研究工作还有待于进一步的深化和扩展。

（1）创新资源配置效率的评价指标体系，虽然尽量包含了科技人力、财力、物力和信息资源四个维度比较重要的方面，但由于考虑不周和指标数据可得性的限制，可能仍有一些指标没有被考虑进来，指标体系尚需要进一步完善。

（2）本书试图对战略性新兴产业创新资源配置效率进行具体测度，但战略性新兴产业提出时间不长，难以找到区域、行业或主体相应的宏观统计数据，因而本书采用问卷调查的方式获取数据，尽管所得结果亦能在一定程度上说明问题，但仍会对本书结论的说服力造成一定的影响。

（3）书中提到创新资源配置各方利益主体的耦合机制，那么如何构建一个科学合理的制度框架，探寻加速创新资源优化配置的最优路径，将作为进一步研究的重要内容。

参考文献

▲ 英文文献

[1] Ai Tee K.. Asian Miracle: The Scientific and Technological Dimension [C]. IEEE International Engineering Management Conference, 1995: 68 – 73.

[2] Antonio Minniti, Francesco Venturini. The Long – run Growth Effects of R&D Policy [J]. Research Policy, 2017, 46 (1): 316 – 326.

[3] Avidon Wolfson. Technological Innovation, Venture Formation and Resource Allocation: The Impact of Economic Downturn on Life Sciences Venture Capital and Start – ups [D]. Thesis (S. M. in Technology and Policy) – Massachusetts Institute of Technology, Engineering Systems Division, 2010.

[4] Battese G., Coelli T.. A Model for Technical Inefficiency Effects in a Stochastic Frontier Production for Panel Data [J]. Empirical Economics, 1995, 20 (2): 325 – 332.

[5] Battese G., Coelli T.. Frontier Production Function, Technical Efficiency and Panel Data: With Application to Paddy Farmers in India [J]. Journal of Productivity Analysis, 1992 (3): 153 – 159.

[6] Beom Cheol Cin, Young Jun Kim, Nicholas S. Vonortas. The Impact of Public R&D Subsidy on Small Firm Productivity: Evidence from Korean SMEs [J].

Small Business Economics, 2017, 48 (2): 345 – 360.

[7] Bettina Becker. Public R&D Policies and Private R&D Investment: A Survey of The Empirical Evidence [J]. Journal of Economic Surveys, 2015, 29 (5): 917 – 942.

[8] Boris Lokshin, Pierre Mohnen. How Effective are Level – based R&D Tax Credits? Evidence from the Netherlands [J]. Applied Economics, 2012, 44 (12): 1527 – 1538.

[9] Daniel J. Wilson. Beggar Thy Neighbor? The In – state vs. Out – of – state Impact of State R&D Tax Credits [J]. Review of Economics and Statistics, 2009, 91 (2): 431 – 436.

[10] Day – YangLiu, Lon – Fon Shieh. The Effects of Government Subsidy Measures on Corporate R&D Expenditure: A Case Study of the Leading Product Development Programme [J]. International Journal of Product Development, 2005, 2 (3): 2 – 7.

[11] Dianne Rahm, Veroniea Hansen. Technology Policy 2000: University to Industry Transfer [J]. International Journal of Public Administration, 1999, 22 (8): 1189 – 1211.

[12] Dirk Czarnitzki, Katrin Hussinger. Input and Output Additionality of R&D Subsidies [J]. Applied Economics, 2018, 50 (12): 1324 – 1341.

[13] Ekboir Javier. Research and Technology Policies in Innovation Systems: Zero Tillage in Brazil [J]. Reseach Policy, 2003, 32 (4): 573 – 586.

[14] Erik Dietzenbacher, Bart Los. Externalities of R&D Expenditures [J]. Economic Systems Research, 2002, 14 (4): 407 – 425.

[15] Eui Young Lee, Beom Cheol Cin. The Effect of Risk – sharing Government Subsidy on Corporate R&D Investment: Empirical Evidence from Korea [J].

Technological Forecasting and Social Change, 2010, 77 (6): 881 – 890.

[16] Goto, A., Suzuki, K.. R&D. Capital, Rate of Return on R&D Investment and Spollover of R&D in Japanese Manufacturing Industries [J]. Reviews of Economics and Statistics, 1989 (4): 555 – 564.

[17] Greg Felker, Jomo Kwame Sundaram. Technology Policy in Malaysia [J]. International Journal of Technological Learning, Innovation and Development, 2007, 1 (2): 153 – 178.

[18] Griliches, Z.. Patents Statistics as Economic Indicators: A Survey [J]. Journal of Economic Literature, 1990, 28 (4): 1661 – 1707.

[19] Harisson Riffith. The Link between Product Market Reform and Macro – economic Performance [EB/OL]. http: //europa. eu. Int/comm/economy_ finance/publications/ economic_ papers/2004/ecp209en. pdf.

[20] Hsin – Ju Bien, Tai – Ming Ben, Kuan – Fei Wang. Trust Relationships Within R&D Networks: A Case Study from the Biotechnological Industry [J]. Innovation, 2014, 16 (3): 354 – 373.

[21] Hyun Ju Jung, Jeongsik "Jay" Lee. The Impacts of Science and Technology Policy Interventions on University Research: Evidence from the US National Nanotechnology Initiative [J]. Research Policy, 2014, 43 (1): 74 – 91.

[22] Ian Pownall. Collaborative Development of Hot Fusion Technology Policies: Strategic Issues [J]. Technology Analysis & Strategic Management, 1997, 9 (2): 193 – 212.

[23] Julian Baumann, Alexander S. Kritikos. The Link Between R&D, Innovation and Productivity: Are Micro Firms Different? [J]. Research Policy, 2016, 45 (6): 1263 – 1274.

[24] Jörg C. Mahlich, Thomas Roediger – Schluga. The Determinants of Phar-

maceutical R&D Expenditures: Evidence from Japan [J]. Review of Industrial Organization, 2006, 28 (2): 145 – 164.

[25] Katharine Wakelin. Productivity Growth and R&D Expenditure in UK Manufacturing Firms [J]. Research Policy, 2001, 30 (7): 1079 – 1090.

[26] Koh Ai Tee. Asian Miracle: The Scientific and Technological Dimension [A] // Engineering Management Conference. Global Engineering Management: Emerging Trends in the Asia Pacific [R]. Proceedings of 1995 IEEE Annual International, 1995.

[27] K. Pavitt, M. Robson, J. Townsend. The Size Distribution of Innovating Firms in the UK: 1945 – 1983 [J]. Journal of Industrial Economics, 1987, 35 (3): 297 – 316.

[28] Leonid Kogan, Dimitris Papanikolaou Amit Seru and Noah Stoman. Technological Innovation [A] //Resource Allocation and Growth [C]. NBER Working Paper No. 1998, January.

[29] Lewis Branseomb. Does America Need a Technology Policy [J]. Harvard Business Review, 1992, 70 (2): 24 – 30.

[30] Li Li, Jean Chen, Hong – Li Gao, Li Xie. The Certification Effect of Government R&D Subsidies on Innovative Entrepreneurial Firms' Access to Bank Finance: Evidence from China [J]. Small Business Economics, 2019, 52 (1): 241 – 259.

[31] Linda Cohen. When Can Government Subsidize Research Joint Ventures Polities, Economies and Limits to Technology Policy [J]. The American Economic Review, 1994, 84 (2): 159 – 163.

[32] Ludwig Von Bertalanffy. General System Theory [M]. New York: George Breziller, 1973: 35.

[33] Maloney Lederman. R&D and Development, World Bank [Z]. Mimeo, 2003.

[34] Margaret Sharp, Keith Pavitt. Technology Policy in the 1990s: Old Trends and New Realities [J]. Journal of Common Market Studies, 1993, 31 (2): 129 – 151.

[35] Massimo G. Colombo, Luca Grilli, Samuele Murtinu. R&D Subsidies and The Performance of High – tech Start – ups [J]. Economics Letters, 2011, 112 (1): 97 – 99.

[36] Matthew Rafferty, Mark Funk. Demand Shocks and Firm – financed R&D Expenditures [J]. Applied Economics, 2004, 36 (14): 1529 – 1536.

[37] Morris Teubal. R&D and Technology Policy in NICs as Learning Processes [J]. World Development, 1996, 24 (3): 449 – 460.

[38] Namchul Shin, Kenneth L. Kraemer, Jason Dedrick. R&D, Value Chain Location and Firm Performance in The Global Electronics Industry [J]. Industry and Innovation, 2009, 16 (3): 315 – 330.

[39] Nelson. National System of Innovation: A Comparative Study [M]. Oxford: Oxford University Press, 1993.

[40] Nirupama Rao. Do Tax Credits Stimulate R&D Spending? The Effect of The R&D Tax Credit in Its First Decade [J]. Journal of Public Economics, 2016 (140): 1 – 12.

[41] Paul S. Segerstrom, James M Zolnierek. The R&D Incentives of Industry Leaders [J]. International Economic Review [H. W. Wilson – SSA], 1999, 40, (3): 745 – 766.

[42] Reinhilde Veugelers. Internal R&D Expenditrues and External Technology Sourcing [J]. Research Policy, 1997, 26 (3): 303 – 315.

[43] Renaud Bellais. Post Keynesian Theory, Technology Policy and Long-term Growth [J]. Journal of Post Keynesian Economics, 2004, 26 (3): 419-440.

[44] Riccardo Leoncini. The Nature of Long-run Technological Change: Innovation, Evolution and Technological Systems [J]. Research Policy, 1998, 27 (1): 75-93.

[45] Richard B. Freeman, Immigration, International Collaboration, and Innovation: Science and Technology Policy in the Global Economy [J]. Innovation Policy and the Economy, 2015 (15): 153-175.

[46] Rolf G., Sternberg Reseach, Patenting and Technological Change [J]. Econometricsa, 1997, 65 (6): 1389-1419.

[47] Ruud Smits, Jos Leyten, Pim Den Hertog. Technology Assessment and Technology Policy in Europe: New Concepts, New Goals, New Infrastructures [J]. Policy Scienees, 1995, 28 (3): 271-299.

[48] R. Michael Holmes, Shaker A. Zahra, Robert E. Hoskisson, Kaitlyn DeGhetto, Trey Sutton. Two-Way Streets: The Role of Institutions and Technology Policy in Firms' Corporate Entrepreneurship and Political Strategies [J]. Academy of Management Perspectives, 2016, 30 (3): 211-346.

[49] Scherer. Size of Firm, Oligopoly and Research: A Comment [J]. Journal of Economics and Political Science, 1965, 20 (5): 423-429.

[50] Seongkyoon Jeong, Sungki Lee. What Drives Technology Convergence? Exploring the Influence of Technological and Resource Allocation Contexts [J]. Journal of Engineering & Technology Management, 2015, 36 (19): 78-96.

[51] Subal Kumbhakar, Raquel Ortega-Argilés, Lesley Potters, Marco Vivarelli, Peter Voigt. Corporate R&D and Firm Efficiency: Evidence from Europe's Top

R&D Investors [J]. Journal of Productivity Analysis, 2012, 37 (2): 125 - 140.

[52] S. Lach. Do R&D Subsidies Stimulate or Displace Private R&D? Evidence from Israel [J]. The Journal of Industrial. Econimics, 2002, 50 (4): 369 - 390.

[53] Takehiko Yasuda. Firm Growth, Size, Age and Behavior in Japanese Manufacturing [J]. Small Business Economics, 2005, 25 (1): 1 - 15.

[54] Wen - Hsiang Lai, Pao - Long Chang. Corporate Motivation and Performance in R&D Alliances [J]. Journal of Business Research, 2009, 63 (5): 490 - 496.

[55] W. Edward Steinmueller. Economics of Technology Policy [J]. Handbook of Economics of Innovation, 2010, 28 (2): 1181 - 1218.

[56] Yong - Hong Wu. The Effects of State R&D Tax Credits in Stimulating R&D Expenditure: A Cross - stante Empirical Analysis [J]. Journal of Policy Analysis and Management, 2005, 24 (4): 785 - 802.

[57] Yoon - Hwan Hahn, Pyung - Ⅱ Yu. Towards a New Technology Policy: The Integration of Generation and Diffusion [J]. Technovation, 1999, 19 (3): 177 - 186.

▲ 中文文献

[1] [德] 马克思, 恩格斯. 马克思恩格斯全集（第19卷）[M]. 北京: 人民出版社, 1965: 22.

[2] [美] 阿兰·兰德尔. 资源经济学 [M]. 施以正译. 北京: 商务印书馆, 1989: 12.

[3] [美] 诺斯. 经济史中的结构与变迁 [M]. 陈郁, 罗华平等译. 上海: 上海三联书店, 上海人民出版社, 1994.

[4] [英] 亚当·斯密. 国富论: 国民财富的性质和起因的研究 [M]. 谢祖新等译. 长沙: 中南大学出版社, 2003.

[5] 蔡忠建. 对描述性统计量的偏度和峰度应用的研究 [J]. 北京体育大学学报, 2009 (3): 75-76.

[6] 陈成锴. 福建创新资源优化配置研究 [D]. 厦门: 厦门大学硕士学位论文, 2008.

[7] 陈皓, 郑垂勇. 基于线性规划理论的产业部门创新资源优化配置研究 [J]. 经济问题探索, 2013 (5): 80-84.

[8] 陈雯文. 我国科技资源配置效率及其影响因素研究 [D]. 杭州: 浙江工商大学硕士学位论文, 2017.

[9] 陈钰芬, 陈劲. 开放式创新: 机理与模式 [J]. 北京: 科学出版社, 2008.

[10] 崔冶真. 我国创新资源配置效率及其影响因素分析 [J]. 中国集体经济, 2016 (4): 13-14.

[11] 丁厚德. 创新资源配置的战略地位 [J]. 哈尔滨工业大学学报, 2001 (1): 35-41.

[12] 杜宝贵, 隋立民. 科技政策资源优化配置论纲 [J]. 科技进步与对策, 2015 (5): 1-3.

[13] 管理, 王润. 青岛市官产学研合作现状及对策 [J]. 价值工程, 2012 (4): 265-266.

[14] 国务院关于加快培育和发展战略性新兴产业的决定[EB/OL]. 中国网, http://www.china.com.cn/policy/txt/2010-10/19/content_ 21151090.htm, 2010-10-19/2015-07-05.

[15] 郝铖文. 创新资源配置对中国区域创新驱动影响研究 [D]. 郑州: 华北水利水电大学硕士学位论文, 2018.

［16］胡海鹏，黄茹．国内战略性新兴产业发展研究综述［J］．首都经济贸易大学学报，2014（5）：120－128．

［17］胡慧玲．产学研协同创新系统耦合机理分析［J］．科技管理研究，2015（6）：26－29．

［18］贾钢涛，杨勇．基于主成分分析的陕西创新资源配置效率研究［J］．技术与创新管理，2013（3）：216－224．

［19］江静．中国省际R&D强度差异的决定与比较［J］．南京大学学报，2006（3）：13－25．

［20］解学梅，隋映辉．科技产业集群：价值链及其实现途径［J］．科技管理研究，2005（9）：118－121．

［21］雷睿勇，罗敏，邹吉鸿．对我国创新资源配置效率评价方法的述评［J］．山地农业生物学报，2004（5）：448－453．

［22］李成龙，刘智跃．产学研耦合互动对创新绩效影响的实证研究［J］．科研管理，2013（3）：23－31．

［23］李洪辉．整合社会资源 强化服务功能［EB/OL］．http：//www.docin.com/p－138451852.html，2011－03－03/2015－01－05．

［24］李怀祖．管理研究方法［M］．西安：西安交通大学出版社，2004：261．

［25］李建华，周胜军，孙宝凤．我国科技人力资源与财力资源匹配规模优化研究［J］．科学管理研究，2001（6）：72－76．

［26］李立，邓玉勇．我国创新资源配置机制转换研究［J］．科技管理研究，2001（2）：41－45．

［27］李龙一．创新资源配置的模式研究［J］．科研管理，2003（12）：16－19．

［28］李石柱，李冬梅，唐五湘．影响我国区域科技资源配置效率要素的

定量分析 [J]. 科学管理研究, 2003 (2): 60-63, 73.

[29] 李晓群, 谢科范, 李季泽. 创新资源及其利用率评价的理论分析 [J]. 技术经济, 1999 (11): 48-51.

[30] 李杨, 沈志渔. 战略性新兴产业集群的创新发展规律研究 [J]. 经济与管理研究, 2010 (10): 29-34.

[31] 辽宁人民政府办公厅. 关于加快新能源汽车推广应用的实施意见（辽政办发〔2015〕55号）[EB/OL]. 辽宁政府网, http://www.lnzfbgt.gov.cn/, 2015-06-24/2015-06-27.

[32] 刘海波, 李黎明. 官产学研合作创新与知识产权管理的研究 [J]. 科技促进发展, 2012 (7): 25-30.

[33] 刘玲利. 创新资源配置机制研究 [J]. 经济纵横, 2009 (2): 24-26.

[34] 刘玲利. 创新资源配置理论与配置效率研究 [D]. 长春: 吉林大学博士学位论文, 2007.

[35] 刘玲利. 我国创新资源配置行为实在分析: 投入产出视角 [J]. 工业技术经济, 2008 (12): 59-62.

[36] 刘玲利. 中国创新资源配置效率变化及其影响因素分析: 1998—2005年 [J]. 科学学与科学技术管理, 2008 (7): 13-19.

[37] 刘琴. 基于资源配置效率的沈阳市创新资源整合对策研究 [D]. 沈阳: 沈阳理工大学硕士学位论文, 2011.

[38] 刘志阳, 程海狮. 战略性新兴产业的集群培育与网络特征 [J]. 改革, 2010 (5): 36-42.

[39] 马鹏龙. 区域创新系统效率评价 [D]. 长春: 吉林大学硕士学位论文, 2006.

[40] 梅静娟, 李石柱. 创新资源配置阶段结构优化理论数学模型 [J].

北京机械工业学院学报, 2002 (6): 61-63.

[41] 梅舒娥, 陈文军. 我国副省级城市创新资源配置效率及影响因素分析 [J]. 科技管理研究, 2015 (6): 64-68.

[42] 孟卫东, 王清. 区域创新体系创新资源配置效率影响因素实证分析 [J]. 统计与决策, 2013 (4): 96-99.

[43] 彭华涛. 区域创新资源配置的新制度经济学分析 [J]. 科学学与科学技术管理, 2006 (1): 141-144.

[44] 乔芳丽, 杨军, 侯强等. 辽宁战略性新兴产业选择评价研究 [J]. 沈阳工业大学学报 (社会科学版), 2010 (3): 268-273.

[45] 沈赤, 楼钰华. 创新资源优化配置的路径选择及其对策 [J]. 企业经济, 2010 (7): 19-21.

[46] 沈赤, 章丹, 王华锋. 基于数据包络分析 VRS 模型的我国政府创新资源配置效率评价 [J]. 企业经济, 2011 (12): 145-150.

[47] 沈赤, 章丹. 政府优化创新资源配置研究——评价指标体系构建及政策建议 [M]. 北京: 北京大学出版社, 2013.

[48] 师萍, 李垣. 创新资源体系内涵与制度因素 [J]. 中国软科学, 2000 (11): 55-56, 120.

[49] 史安娜, 徐巧玲. 我国科技创新资源配置效率的实证分析——基于 DEA 的超效率 CCR 模型与 Malmquist 指数模型 [J]. 科技管理研究, 2015 (1): 54-59.

[50] 史忠良, 肖四如. 资源经济学 [M]. 北京: 北京出版社, 1993: 13.

[51] 宋宇. 创新资源配置过程中的难点和无效率现象探讨 [J]. 数量经济技术经济研究, 1999 (10): 29-31.

[52] 孙宝凤, 李建华, 杨印生. 运用 DEA 方法评价地区创新资源配置的

相对有效性[J]. 数理统计与管理, 2004 (2): 52 - 58.

[53] 孙宝凤, 李建华. 基于可持续发展的创新资源配置研究[J]. 社会科学战线, 2001 (5): 36 - 39.

[54] 孙凤鹏. 区域创新资源配置系统的差异性研究[D]. 南京: 江苏大学博士学位论文, 2016.

[55] 孙绪华. 我国创新资源配置的实证分析与效率评价[D]. 武汉: 华中农业大学博士学位论文, 2011.

[56] 汪文祥. 完善我国战略性新兴产业投融资机制的对策建议[J]. 中国经贸导刊, 2012 (2): 41 - 43.

[57] 汪应洛. 系统工程(第4版)[M]. 北京: 机械工业出版社, 2008: 5.

[58] 王守文, 石懿. 基于改进蚁群算法的区域科技创新资源优化配置研究[J]. 科技管理研究, 2017 (8): 104 - 108.

[59] 王孝军, 薛辉. 物联网技术在战略性新兴产业领域应用探讨[J]. 科技创新与生产力, 2010 (7): 53 - 55.

[60] 王雪原, 王宏起. 基于科技计划的区域科技创新资源优化配置策略[J]. 现代管理科学, 2008 (5): 41 - 43.

[61] 王雪原, 王宏起. 我国科技创新资源配置效率的DEA分析[J]. 统计与决策, 2008 (8): 108 - 110.

[62] 王雪原. 基于科技计划的区域科技创新资源配置系统优化研究[D]. 哈尔滨: 哈尔滨理工大学博士学位论文, 2008.

[63] 王延荣, 赵文龙. 基于系统动力学的产学研协同创新机制研究[J]. 华北水利水电学院学报(社科版), 2013 (5): 63 - 68.

[64] 韦正球. 大资源观初探[J]. 学术论坛, 2006 (2): 63 - 66.

[65] 魏权龄. 数据包络分析[M]. 北京: 科学出版社, 2004: 1 - 140.

[66] 魏守华,吴贵生.区域创新资源配置效率研究[J].科学学研究,2005(4):467-473.

[67] 魏守华,吴贵生.区域创新资源配置效率研究[J].科学学研究,2005(4):467-473.

[68] 吴和成,郑垂勇.科技投入产出相对有效性的实证分析[J].科学管理研究,2003(6):93-96.

[69] 吴明隆.SPSS统计应用实务[M].北京:科学出版社,2003.

[70] 吴延兵.用DEA方法测评知识生产种的技术效率与技术进步[J].数量经济技术经济研究,2008(7):67-79.

[71] 吴瑛,杨宏进.基于R&D存量的高技术产业创新资源配置效率DEA度量模型[J].科学学与科学技术管理,2006(9):28-32.

[72] 肖碧云.基于DEA模型的我国农业科技创新资源配置效率研究[J].吉林农业科技学院学报,2016(12):62-65.

[73] 肖建华,熊娟娟.财政引导创新资源配置效率及其影响因素——来自18个高新区与新区的经验分析[J].财政理论与实践,2018(5):105-111.

[74] 谢从晋,杨柳,毕孝儒.大数据环境中资源优化配置策略研究[J].中国商论,2019(16):26-27.

[75] 谢子佳.我国区域创新资源配置效率综合评估研究[D].北京:北京交通大学硕士学位论文,2010.

[76] 徐建国.我国区域创新资源配置能力分析[J].中国软科学,2002(9):98-100.

[77] 许荣花.战略性新兴产业人才培养机制研究[D].荆州:长江大学硕士学位论文,2013.

[78] 杨凤鸣,陈国生,彭文武.基于三阶段DEA模型的省域创新资源配

置效率差异分析 [J]. 湖南社会科学, 2014 (6): 193-197.

[79] 姚木根. 关于发展战略性新兴产业的思考 [J]. 价格月刊, 2011 (8): 1-11.

[80] 叶茂. 对推进全省创业孵化基地建设的几点思考 [EB/OL]. 2015-07-15, 2015-07-17. http://www.hnrst.gov.cn/web/rltzww/tszl/qnlt/201507/t20150715_1797252.html.

[81] 尹博. 大企业主导型产业创新网络创新绩效研究 [D]. 沈阳: 辽宁大学博士学位论文, 2012.

[82] 喻登科, 涂国平, 陈华. 战略性新兴产业集群协同发展的路径与模式研究 [J]. 科学学与科学技术管理, 2012 (4): 114-120.

[83] 曾贱吉. 企业员工组织信任: 前因、效应及其作用 [D]. 西安: 西安交通大学博士学位论文, 2010: 37.

[84] 张晓明, 王应明, 施海柳. 效率视角下创新型企业关键资源优化配置研究 [J]. 科技管理, 2018 (5): 103-111.

[85] 张幼华, 樊一阳, 刘华珍. 产学研合作模式的自组织演进过程分析 [J]. 科技创新导报, 2009 (22): 140-142.

[86] 赵光德. 甘肃省区域创新资源整合研究 [D]. 兰州: 西北师范大学硕士学位论文, 2009.

[87] 赵树宽. 面向区域创新的科技信息资源优化配置模式研究 [J]. 图书情报工作, 2015 (3): 40-46.

[88] 赵晓华. 技术创新资源配置的双重调节论 [J]. 技术经济与管理研究, 2014 (9): 23-26.

[89] 周寄中. 创新资源论 [M]. 西安: 陕西人民教育出版社, 1999.

[90] 周伟, 韩家勤. 区域创新资源配置的影响因素分析——基于结构方程模型的实证研究 [J]. 情报杂志, 2012 (1): 185-189.

[91] 周伟. 省域创新资源配置效率评价研究 [M]. 合肥：中国科学技术大学出版社, 2014: 25.

▲ 相关网站

[1] 联合国数据网站, http：//data. un. org/.

[2] 世界银行网站, http：//www. worldbank. org/.

[3] 国际经济合作组织网站, http：//www. oecd. org/.

[4] 中华人民共和国国家统计局网站, http：//www. stats. gov. cn/.

[5] 国务院发展研究中心信息网, http：//www. drcnet. com. cn/DRCNet. channel. web/.

[6] 中国经济信息专网, http：//www. cei. gov. cn/.

[7] 中华人民共和国科学技术部网站, http：//www. most. gov. cn/.

附　录

辽宁战略性新兴产业创新资源配置状况调查问卷

尊敬的企业负责人：

这是一份学术性问卷，旨在通过此项问卷调查，了解辽宁战略性新兴产业创新资源配置的现状，为提升辽宁战略性新兴产业创新资源配置效率提供理论依据。您提供的数据只用于科学研究分析，并且严格保密，绝不用于商业用途，敬请您认真阅读及填写这份问卷。

非常感谢您的支持与帮助！

一、企业基本信息

企业名称：	成立时间：
企业规模	□企业人数1000人及以上；　□企业人数1000人以下
企业性质	□国有或国有控股企业　□民营控股企业　□外资或外资控股企业
所属产业	□节能环保产业　　　　□新一代信息技术产业　□生物产业 □高端装备制造产业　　□新能源产业　　　　　□新材料产业 □新能源汽车产业

二、创新资源情况

请填写贵企业 2010~2014 年相关信息

测量题项	2010 年	2011 年	2012 年	2013 年	2014 年
研发人员数量（人）					
研发人员研发能力（1~5）					
研发经费数量（万元）					
研发经费充裕程度（1~5）					
研发设备投入额（万元）					
市级以上实验室或研发中心（个）					
拥有该行业的核心技术（项）					
拥有独特的生产工艺和技术（项）					
专利申请数（项）					
拥有发明专利数（万元）					
新产品产值（万元）					
新产品销售额（万元）					

注：研发人员能力和研发经费充裕程度为定性指标，按照由低到高的顺序赋值 1~5。

三、创新资源主体配置情况

请填写贵企业官产学研合作项目中各主体创新资源投入产出情况

编号	测量题项	企业	学校	科研机构
1	研发人员数量（人）			
2	研发人员研发能力（1~5）			
3	研发经费数量（万元）			
4	研发经费充裕程度（1~5）			
5	研发设备投入额（万元）			
6	市级以上实验室或研发中心（个）			
7	拥有该行业的核心技术（项）			
8	拥有独特的生产工艺和技术（项）			

续表

请填写贵企业官产学研合作项目中各主体创新资源投入产出情况

编号	测量题项	企业	学校	科研机构
9	专利申请数（项）			
10	拥有发明专利数（万元）			
11	新产品产值（万元）			
12	新产品销售额（万元）			

注：如果当年官产学研合作项目次数>1，须填写平均值；其中编号1~8的题项填入2012年度数据，编号9~10的题项填入2013年数据，编号11~12的题项填入2014年数据。

四、创新资源阶段配置情况

请填写贵企业不同研究阶段创新资源投入产出情况

编号	测量题项	基础研究	应用研究	试验发展
1	研发人员数量（人）			
2	研发人员研发能力（1~5）			
3	研发经费数量（万元）			
4	研发经费充裕程度（1~5）			
5	研发设备投入额（万元）			
6	市级以上实验室或研发中心（个）			
7	拥有该行业的核心技术（项）			
8	拥有独特的生产工艺和技术（项）			
9	专利申请数（项）			
10	拥有发明专利数（万元）			
11	新产品产值（万元）			
12	新产品销售额（万元）			

注：如果当年官产学研合作项目次数>1，须填写平均值；其中编号1~8的题项填入2012年度数据，编号9~10的题项填入2013年数据，编号11~12的题项填入2014年数据。

五、网络情况（一）：网络参与度

请在最符合贵企业实际情况的空格内画"√"

	无	1～5家	6～10家	11～15家	16家及以上
供应商					
客户					
竞争企业					
合作企业					
大学/科研机构					
政府					
中介机构					

注：在进行数据分析时，网络广度主要从合作范围和合作数量两个方面衡量。合作范围分值定义为：在所列的7类合作伙伴中选择1类分值为1分，选择3类分数为2分，选择5类分数为3分，选择6类分数为5分，选择7类分数为7分；合作数量分值定义为：各类合作伙伴总数<5家分值为1分；5≤总数<10分值为2分；10≤总数<15分值为3分；15≤总数<20分值为4分；总数≥分值为5分。

六、网络情况（二）：网络联结度

请在最符合贵企业实际情况的空格内画"√"

	完全符合	基本符合	不确定	基本不符合	完全不符合
与合作伙伴的合作方式丰富多样					
与合作伙伴有较强的关联强度					
与合作伙伴之间有明确的利益分配机制					

七、网络情况（三）：网络平稳度

请在最符合贵企业实际情况的空格内画"√"

	完全符合	基本符合	不确定	基本不符合	完全不符合
与创新伙伴之间建立了长期合作关系					
与创新伙伴之间的交流频繁					

八、影响因素（一）：政策因素

请在最符合贵企业实际情况的空格内画"√"					
	强	较强	一般	较弱	弱
政府部门的政策支持力度					
企业与政府部门的联系程度					

九、影响因素（二）：经济因素

请在最符合贵企业实际情况的空格内画"√"					
	高（好）	较高（好）	一般	较低（坏）	低（坏）
产品的价值和使用价值					
企业的经济前景					

十、影响因素（三）：市场因素

请在最符合贵企业实际情况的空格内画"√"					
	强	较强	一般	较弱	弱
所处市场的稳定程度					
金融机构的支持力度					
风险资本数量的满足程度					

十一、影响因素（四）：文化因素

请在最符合贵企业实际情况的空格内画"√"					
	强	较强	一般	较弱	弱
企业员工的创新精神					
企业顾客的创新意识					

联系人：_____；电话：_____；传真：_____；

电子邮箱：_____；通信地址：_____

衷心感谢您的支持与合作！

后 记

岁月荏苒,光阴如梭。转眼间,本书的写作工作已近尾声。一边坚持教学,一边坚持科研,一边忙于年幼的孩子,曾使我感到疲惫、迷茫与徘徊。但疲惫后的快乐欣喜、迷茫后的幡然醒悟、徘徊后的醍醐灌顶,唯有亲历,方能体会,这也是成长的一种收获吧!本书的顺利完成离不开自己对学术之路的执着与追求,但其中更凝聚着许多人的心血与汗水。在此,向所有给予我指导、支持和帮助的师长、朋友和家人致以由衷的感谢和深深的敬意。

衷心感谢我的博士后导师马树才教授。马老师在数量经济学和统计学领域享有颇高的声誉,他严谨而勤勉的治学态度、深邃而高远的学术思想、精深而广博的学术功底、宽容和蔼的人际交往,深深地感染和启发着我。本书是在我的博士后研究报告基础上完成的,全书从构思、写作到修改,得到马老师诸多的指导和帮助,在此向马老师致以诚挚的谢意。

衷心感谢我的博士导师王伟光教授。我有幸投入师门,得其言传身教,使我终身受益。王老师渊博的知识、严谨的治学态度、敏锐的洞察力、诲人不倦的师德、谦和的待人方式,对我影响至深,成为我一生受用不尽的宝贵财富。在老师的严格教诲和影响下,形成了同门富有凝聚力和战斗力的和谐团队,在这个大家庭中大家一起学习、研究和成长,互帮互助、倍感温暖。衷心感谢我的师母吉国秀教授,她对我的研究工作和日常生活给予无限关怀,关爱之情,感怀至深。

后 记

衷心感谢导师组的各位老师。感谢郭万山教授在学术上给予我的指导与帮助，郭老师的精彩见解和严谨的治学态度给我留下深刻的印象，使我受益良多。王青教授对研究报告从开题到完成所给予我的指导与关怀、鼓励与肯定，使研究报告的内容更加充实与丰富。尤其是作为我的领导，王老师对我的学习和生活给予无限的关怀，令我永生难忘。有幸遇到这么多位好老师，使我的学习生活收获颇多，感谢各位老师！

衷心感谢辽宁大学公共基础学院的领导和同事。于丽萍院长、袁峰书记、辛荣环主任等对我的学习给予了巨大的支持，在工作和生活上给予很多照顾，使我能够顺利进行研究工作。你们的帮助我会一直铭记于心，对你们的关心、支持和帮助，在此表示深深的谢意。

衷心感谢我的好友杜娟、温凤媛、包艳、张颖等，在研究工作和生活中给予我安慰与鼓励、友情与陪伴。

衷心感谢已有的相关研究提供的理论基础。前人的研究成果使我开阔了眼界、启发了思维，站在你们的肩膀上，我的研究工作才进行得更加顺利。本着尊重他人学术成果的态度，本人在参考文献中尽量一一标注，但难免有疏漏的地方，如果有遗漏或者注释不全不准之处，还请见谅。

衷心感谢经济管理出版社陈力副社长和梁植睿编辑对本书出版工作的大力支持和帮助。梁植睿编辑为本书提出了非常宝贵的修改意见，并为本书的编辑出版提供了大量细致的支持工作，特此表示衷心的感谢。

最后，我要衷心感谢我的家人，爸爸妈妈无时无刻不在牵挂着我，在学业、工作和生活上总是给予我鼓励和安慰，他们无私的爱、善良的品格，给予我无尽的信心和力量。公公婆婆分担了大部分家务，让我安心学习和工作，他们勤劳质朴的品质、无微不至的关心与照顾，让我倍感温暖。感谢哥哥姐姐无私的奉献、担当、支持和鼓励，使我能够潜心进行学习和研究工作，做自己所喜爱的事情和投身自己所热衷的事业。感谢我的爱人刘占武先生，对我关怀备至、为我默默地付出,成为我坚强的后盾。最高兴的是,本书写作伊始,宝宝佑佑的出生,为我们平添了无限的欢乐;在写作过程中,孩子也慢慢长大。养育一个小宝宝是非常艰辛的,但更多的是增强了我的责任感和使命感,尤其是他的一举一动给我的写作带来无限的灵感与启发。祝愿我的宝贝健康快乐成长!

前路漫漫,学海无涯。在永无止境的学术之路上,我将继续勇往直前!

白雪飞
2019 年 7 月